AF237515

GET Corona Creative

Die Gesamtschule Emschertal nimmt dem Virus seinen Stachel

Umschlagdesign, Herstellung und Verlag:
BoD - Books on Demand, Norderstedt
ISBN: 978-3-7519-5384-9

Lieber Christoph,

ich will nicht viele Worte machen, sondern die Literatur soll sprechen. Weil wir ständig zugeschüttet wurden mit gefühlt einer Million Schulmails und vielen neuen Erlassen, kam ich auf die Idee, ein Literaturprojekt anzustoßen, an dem Schülerinnen und Schüler, Kolleginnen und Kollegen teilhaben sollten. Motto unseres Projektes:

Get Corona Creative - Nehmt Corona seinen Stachel

Das soll eines unserer Abschiedsgeschenke für dich sein. Du weißt, wir wollen dich nicht gehen lassen, aber wir können nichts dagegen tun, außer dich in unseren Herzen zu bewahren. Da hast du bei uns allen einen besonderen Platz.

Nur noch eins: Um die Authentizität nicht zu zerstören, werde ich nicht alle Texte abtippen. Die Schülerinnen und Schüler haben häufig mit der Hand geschrieben, es dann fotografiert und ihren Lehrerinnen und Lehrern geschickt. Ich möchte das dann auch so lassen. Und dabei haben eben auch die Rechtschreibfehler ihren eigenen Charme.

Los geht`s!

(Corona Design Dr. Schadt-Krämer)
Bastelanleitung:
Man nehme einen alten Apfel, möglichst einen
roten und bespicke ihn mit Nelken.
Wahlweise kann man die 19 - für Covid 19 -
darauf schreiben.

Aufruf zu einem Schul - Projekt: "Get Corona Creative"

Wir gestalten als Gesamtschule Emschertal ein Buch und nehmen Corona seinen Stachel

Auf einem Steine
saß ein Corona Virus ganz alleine.
Die Langeweil` war groß
auch wenn`s den kühlen Wind genoss.

Da ist ein Kind gekommen
und hat den Stein genommen
Das Virus hat sich sehr gefreut
ein Ende hat die Einsamkeit.

Schnell ist es auf die Kinderhand gesprungen
der Sprung war ihm recht gut gelungen
Es landet mitten in der Hand
wo es die neue Heimstatt fand.

Weil es das Kind ein wenig friert
steckt es die Hände in die Taschen
wo es ein Bonbon spürt
Das wird es gleich vernaschen.

Die Hand löst das Papier,
schwups flutscht das Bonbon auf die Zunge
mit ihm ein leichter Zuckerschmier
drauf rutscht das Virus in die Lunge.

Das Ende der Geschicht
verrat ich nicht.
Ihr könnt die Virologen fragen
und jeder wird was andres sagen.

(Claudia Schadt-Krämer, inspiriert durch das Gedicht von Walther von der Vogelweide:
"Ich saz uf eime steine"

Eure Claudia bekannt auch unter dem Titel Abteilung III, aber das ist bei Lyrik völlig nebensächlich

Und so sieht es Walther von der Vogelweide. Das schreibt Doris Gross

Ich saß auf einem Stein / und schlug ein Bein über das andere; / darauf setzte ich den Ellenbogen; / in meine Hand hatte ich das / Kinn und eine Wange geschmiegt. / So dachte ich eindringlich nach, / auf welche Weise man auf der Welt leben müsse: / Keinen Rat konnte ich aber geben, / wie man drei Dinge so erwerben könne, / ohne daß eines von ihnen zugrunde ginge. / Zwei von ihnen sind Ehre und Besitz, / die einander oft schaden, / das dritte ist Gottes Gnade, / die viel mehr wert ist als die beiden andern. / Diese wollte ich gerne zusammen in einem Kästchen. / Aber leider ist es nicht möglich, / daß Besitz und weltliche Ehre / und Gottes Gnade / zusammen in ein Herz kommen. / Weg und Steg sind ihnen genommen: / Verrat liegt auf der Lauer, / Gewalt beherrscht die Straße; / Friede und Recht sind schwer verwundet. / Die drei haben keine Sicherheit, bevor die zwei nicht gesund werden.

Liebe Grüße Doris

Liebe Kolleginnen und Kollegen,

in einem Gespräch mit Daniel Nowara und auch in einer Plauderei mit Felix Partenzi und im literarischen Duett mit Axel Burghausen entstand eine Idee, die ich gerne mit euch teilen möchte.

Unsere Schülerinnen und Schüler mögen nicht immer die Analytiker par excellence sein, aber sie sind kreativ, wenn man sie ein bisschen anschubst. Lasst uns schreiben, lasst uns dichten, lasst uns mit Corona kreativ umgehen. Daniel Nowara zeigte mir das Gedicht eines Achtklässlers, das dieser über Corona geschrieben hat. Axel Burghausen hat geniale kurze literarische Texte zum Thema verfasst. Ich habe auch schon viel produziert, ihr kennt mich ja. Oben ein kleines Beispiel.

Lasst uns ein Buch machen, das wir auch unserem Chef überreichen können, und das allen zeigt, wie man als Schule auch mit der Corona Pandemie umgehen kann. Ich übernehme das Tippen und den Druck über bod. Bitte fordert eure Schüler von Klasse 5 bis Klasse 9 - die 10er sind ja nun leider nicht mehr so richtig erreichbar - auf, Literatur zu schaffen.
Es darf in gebundener Form ein Gedicht oder ein Rap sein, es kann ein Essay sein, es darf eine lustige dramatische, traurige oder gruselige Geschichte sein. Alles ist möglich. Auch die Lehrerinnen und Lehrer sollten ihre kreative Ader öffnen. Jeder kann das - ich bin mir sicher.

Ihr könnt mir alles schicken, selbst tippen oder auch handschriftlich an mich weiter reichen. Je mehr, desto besser. Und eines will ich gar nicht hören:

Keine Ahnung kann ich nicht,
denn sogar daraus - ei der Daus -
wird im Fluge ein Gedicht.

Hallo Claudia, tolle Idee mit dem Projekt. [...]

Das Ende der Geschicht verrat ich nicht. Ihr könnt die Virologen fragen...

"Das Virus gelangt in den Magen!"

und wird verdaut, over and out.

Also keine Ansteckungsgefahr!

Das Kind in dem Gedicht tat mir einfach zu leid. :)

Darf ich auch mal meine 11er und 12er in Informatik fragen, ob sie ein "Programm" dazu schreiben können? Gruß Jochen

Betreff: CoronaBeat

Lyrics: Claudia Schadt-Krämer
Music: Luis Cano Schmiemann
Performed by: Luis, WP1 DG 10 PAR, Duisburg 2020

So geht Schule. Applaus.

CoronaBeat.mp3
6.005 KB

♪ ÖFFNEN ▲

Mein Gedicht zu Corona

Corona Corona ist ne schlimme Zeit,
zu Hause sitzt man dafür meist.
Die Schule fängt man an zu vermissen,
früher hätte man gern drauf geschissen!
Jetzt lasst mal alle vom Gewohnten los,
wir sitzen doch alle im selben Boot!
Das Leben geht bald wieder weiter,
dann sind wir alle wieder heiter!
(Noel Rüppel Klasse 7C)

Ich mag es nicht so Geschichten mit Menschen zu machen also mach ich eins mit Tieren.

Mama, Mama wir wollen raus!

Die Fuchsmutter kümmerte sich darum, ihre Kleinen in der Höhle zu behalten. "Mama! Mama! Wieso dürfen wir nicht raus?" "Mama! Mama! Können wir aus dem Haus?", fragten die kleinen Kinder. Die Fuchsmutter schüttelte den Kopf. "Nein, nein. Ihr bleibt hier drin, ihr dürft nicht raus, weil es gefährlich ist! Es gibt eine Krankheit namens Corona, und sie ist nun auch für Tiere ansteckend!" "Aber, aber, uns ist langweilig!", erwiderten die kleinen Füchse. Die Füchsin wurde etwas sauer. "Nein, nein. Ihr geht nicht raus! Wenn ihr gesund bleiben wollt, dann bleibt hier." Die Füchsin stand auf, "Ich bin sehr sehr müde. Ich gehe schlafen, und ihr bleibt hier!" Als die Füchsin tiefer in der Höhle verschwand, redeten die zwei kleinen Füchse miteinander. "Hey, hey, lass uns rausgehen!", sagte der eine. "Nein, nein, Mama will das nicht!", antwortete der andere. "Doch, doch! Wir werden schon nicht krank, wir werden schon nichts anfassen!" "...wir fassen praktisch alles an, weil wir auf vier Pfoten überall rumlaufen, aber OKAY." Die beiden kleinen Füchse schlüpften aus einem kleinen Loch raus. Sie rannten in die Stadt, kletterten auf allem rum und knabberten alles an. Nach einer Stunde liefen die Kleinen wieder zurück, ohne dass die Mutter was bemerkte. Jedoch wurde einer der Kleinen nach ein paar Tagen sehr schwach. Die Füchsin war sehr besorgt. Der kleine Fuchs wurde immer und immer schwächer, der andere kleine Fuchs dachte sich schon, dass es deswegen war, dass sie weggelaufen sind. Er muss schlimmen Corona gekriegt haben. Er fühlte sich schlecht, dass er seinen Bruder überzeugt hatte, raus zu gehen. Der kleine Fuchs rannte weg. Ein paar Tage danach starb der andere kleine Fuchs. Die Fuchsmutter weinte in tiefster Trauer, beide ihrer Fuchskinder sind weg. Der eine tot, der andere ist weggerannt. Die Füchsin trug ihr totes Kind zur Stadt und vergrub es in einem Park. Mit gesenktem Kopf wollte sie zurück zur Höhle. Doch als sie über die Straße wollte, hat sie nicht gut aufgepasst und ein Auto kam. Als sie es bemerkte, war es zu spät, um es auszuweichen und....

sie wachte auf. Sie war wieder in der Höhle. Sie sprang auf und rannte zu dem Höhlen- raum wo ihre Kinder normalerweise waren. Da lagen die beiden Kinder schlafend und unversehrt, es war alles nur ein Traum. Auch wenn es nur ein Traum war, blieb die Füchsin nun öfter bei den Kleinen

Ende.

Das hat mich fast 2 Stunden gekostet. Hoffe, das ist gut (Nicole Coop)

Gedicht über corona

Corona hat uns Im Griff aber
nicht auf dem spiziellen
Schiff !

Die ~~Hälfte der~~ Ganze welt Ist dar von
betroffen Hoffendlich Kann man es
stoppen !

Um die Ärzte zu entlasten
tragen wir Jetzt alle Masken !

Menschen mussten Sterben !!
und dass liegt uns sehr auf dem Herzen
!!

Wir werden Corona ~~büt~~
bekämpfen also wird die

Masken Pflicht endlich
Enden ♡

(Julie Winkler)

Im Moment ist es eine schwere Zeit für uns, den das Corona-Virus bereitet unserer Welt große Sorgen. Menschen erkranken an dem Virus, sterben und verliesen geliebte Menschen. Dennoch gibt es nicht nur schlechte Ansichten an dem Virus den ich habe in den letzten Ca 10 Wochen vieles gelernt. Zum Beispiel wie wichtig es ist Zeit mit der Familie zu verbringen den meine Mutter und ich haben während der Corona Quarantäne Zeit mehr mit einander gemacht wie zum Beispiel ein bisschen ausgemistet, die Wohnung gestrichen, Filme geguckt, mehr miteinander geredet, zusammen Hausarbeiten erledigt, und ich habe sie sogar dazu überredet mit mir Joggen zu gehen. Wir haben das beste drauß gemacht, natürlich geb es Tage an denen wir einfach keine Motivation hatten, hatten aber wir haben es geschafft. Aber das wichtigste was ich gelernt habe ist wie wichtig mir meine Freunde und Familie sind. Ich habe esst in der Corona-Zeit gemerkt wie wichtig es mir ist mit meinen Freunden was zu unternehmen oder wie sehr sie mir fehlen. Ich habe gemerkt wie wichtig es ist jeden Einzelnen Tag jede Einzelne Sekunde mit meinen Freunden & Familie zu genießen. Den es ist sehr wichtig. Natürlich habe ich auch die

Schule vermisst. Ich habe einfach die normalität vermisst. Auch wen Corona noch nicht besiegt ist, bin ich mir sicher dass wir das alles schaffen werden und noch vieles lernen werden. Vielleicht ist das Virus ja auch eine Lektion für uns das wir unserere Zeit auf der Erde schätzen sollen und auch genießen.

(Joice Koch)

Hier ist mein Gedicht:

Der Virus kam unerwartet.

Aber es ist da.

Alle Menschen haben Angst.

Und neue Regeln kamen.

Keiner gibt sich mehr die Hand.

Und kleine Kinder spielen nicht mehr im Sand.

Die Menschheit hofft auf ein Wunder.

Wir wollen es wieder munter und bunter.

Jetzt hören die Bewohner nur noch:

CORONA

Das Gedicht ist zwar klein

Aber fein (?)

Corona «Gedicht»

Die ganze Welt ist davon betroffen,
der Verlauf ist noch völlig offen.
Sowas hatten wir ja noch nie,
Corona zwingt uns in die Knie.

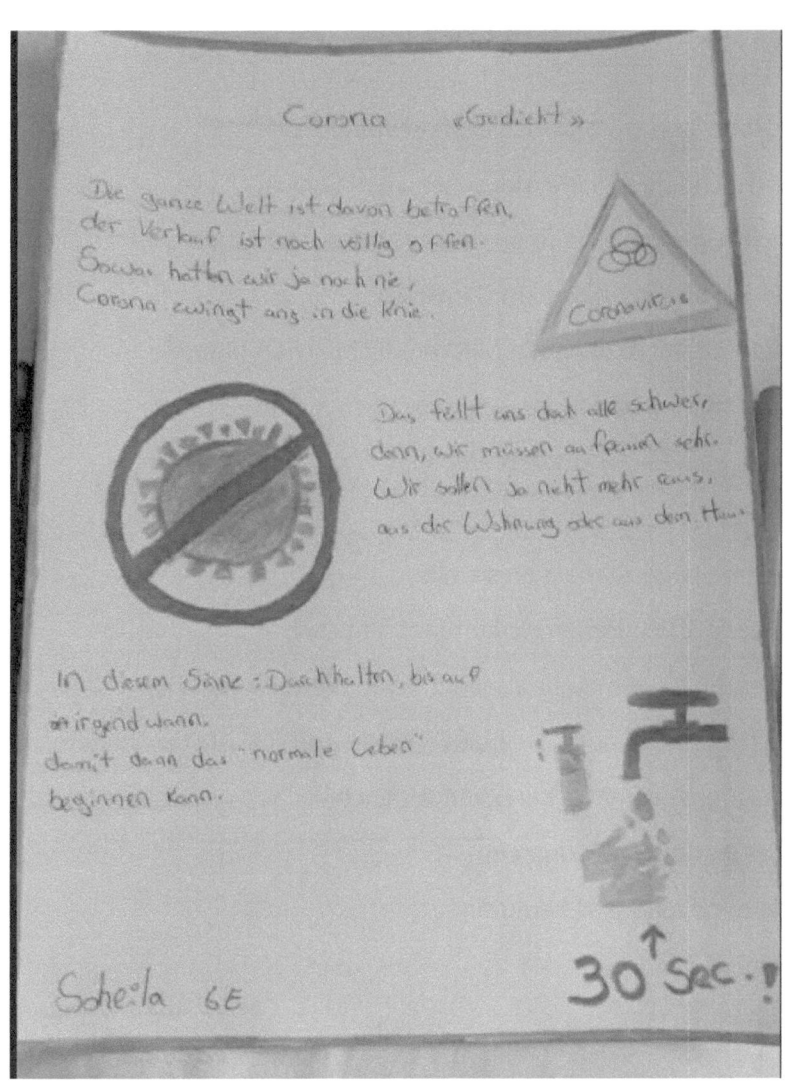

Das fällt uns doch alle schwer,
denn, wir müssen auf Feuer sehr.
Wir sollen ja nicht mehr raus,
aus der Wohnung oder aus dem Haus.

In diesem Sinne: Durchhalten, bis auf
irgendwann,
damit dann das "normale Leben"
beginnen kann.

Sheila 6E

30 Sec. !

CORONA

Corona ist das weltweit bekannteste Virus

Dadurch fahren viele Menschen kein` Skibus.

Viele Menschen verlieren durch Corona ihre Arbeit

Urlaub abgeschoben auf Dienstzeit.

In dem Jahr 2020 ist die Maskenpflicht schon überall,

Wird man ohne Maske gesehen,

zieht man Blicke auf sich überall.

Eine Hust oder auch Niesattacke,

weiter als 1,5 m machen sie alle.

In den Läden drehen sie komplett am Rad,

denn sie kaufen mehr als jeder normalerweise hat.

Regeln gibt es auch, sie heißen Maskenpflicht, Abstandhalten,

Desinfektionsmittel benutzen wir auch.

Dies war mein Coronareim

Bleibt gesund und haut rein.

Lea Eibl 7C

Corona -Blues

Corona, lass fallen deine düstere Krone
und verlasse den Ort, dort, wo du sitzt am Throne.
Du hast schon genug das Leben erschüttert,
die Medien mit üblen Taten gefüttert.
Die Erde will sich nicht länger zerreiben
will auch nicht mehr nur zu Hause bleiben.

Vom Tier auf den Menschen bist du gesprungen,
hast dich geschlichen in zahllose Lungen,
hast gierig gerafft deine wehrlose Beute
nun steht die Menschheit vor fletschender Meute.
Wir müssen weltweit viele Opfer beklagen:
Wie lang noch willst du uns denn immer noch
plagen?

Du hast Tanz und Spiele für uns verbannt
Die Wirtschaft gefahren nah an die Wand.
Und Lebensformen in allen Ligen,
sind eiskalt zum Schweigen hinabgestiegen.
Sind Menschenwerke nur gebaut auf Sand?
Stehn' sie am Abgrund, stehn' sie am Rand?

Die Kugel werden wir uns nicht geben
auch wenn vor uns fällt das pralle Leben.
Nein, Corona, wir werden unendlich kämpfen
und täglich das Übel kleiner dämpfen.
Denn wahrlich, wir üben uns in Verzicht
Disziplin wird zu unserer Menschenpflicht.

Wir bleiben zu Hause in den eigenen Wänden
und lesen uns Weisheit aus allen Bänden.
Wir nähen und stricken uns passenden Schutz,
renovieren und säubern die Schlieren im Putz.
Wir traktieren die Tasten in Home-Office-Runden
versorgen die Kinder, die am meisten geschunden.

Und die Lehrer- die Weisen –
nichts mehr mit Reisen?
Sie versorgen ihre Kinder nun digital
und merken es kaum- es ist eine Qual.
Doch jetzt gehen welche in die Brutenstätten
und halten vom Halse sich Schülerkletten.

Die Tische werden voneinander gerückt
die Klassenräume auf Distanz bestückt.
Die Hände besprüht vor den Unterrichtsstunden
wie lang sind sie noch von Corona gebunden?
Die Schüler huschen diszipliniert in der Reihe,
da wundert sich Fachmann und da staunt der Laie.

Und die Alten, behaftet vom Risiko
dürfen bald wieder –was sind sie froh.
Denn von einem Tag in die nächste Woche
galt die Gefahr nur als eine Epoche.
Corona, lass fallen deine düstere Krone:
Verlasse den Ort, lass dich stürzen vom Throne.

Doris Gross
20.05.2020

Die Corona-Zeit für uns Schüler*innen!!!

Mein Name ist Jamie Lynn und ich gehe in die 6. Klasse der Gesamtschule Emschertal.

Wir sind jetzt nun seit 11 Wochen zuhause - ohne Schule. Ich war bis jetzt nur einmal im Unterricht.

Und keiner fragt sich, wie es uns Kindern geht. Am Anfang, als es hieß, dass wir nicht mehr zur Schule können, haben sich bestimmt so einige gefreut. Aber jetzt nach 11 Wochen Homeschooling ist es einfach nur Schei... Ich in meinem Fall erledige meine Aufgaben innerhalb von 2 Tagen (ich weiß nicht, wie es bei anderen ist).

Aber was ist mit der restlichen Zeit, die wir haben?!

Wir chillen unser Leben, gucken Netflix und zocken.

Was für eine tolle Bildung!!!

Am Anfang hatten wir alle noch über Whatsapp Kontakt, doch jetzt wird es immer weniger. Denkt mal jemand an unsere sozialen Kontakte?!

Ich glaube nicht, Hauptsache die Wirtschaft läuft.

Aber mittlerweile treffe ich mich auch mit einer Person.

Ich hoffe, dass es nach den Sommerferien etwas normaler läuft.

(Joey Franz)

Das neue Maß der Dinge
für die 6 D

Höhere Mathematik:
5,5 x Pingo = 1,50 cm   (Abstand in Coroanazeiten)
Frage: Wie groß ist Pingo?

Schule
mit Mundschutz
wie im Knast
Freunde und Lehrer treffen
Super!

(Rosi Schwedtmann)

corona

corona - eine schwere zeit,
die menschen tun mir wirklich
leit nur Rumgejamas und
nur streit das kann kein
gutes Ende sein zu viem
tote mit uut dem wegen,
wird es noch eine zweite
chance geben wir hatten
eine gut genesung, dass
die menschen wieder friue
schießen corona ist ein
virus, der uns mal eine
so richtig nimmt, Darum bitten
wir dich corona das du
mal schönen verschwindest.
wir haben uns genug.
Darum wropten wir dreimu
uut den Honetisch und sug
uns wird gut.

>> Hier ist mein Gedicht:
>>
>> Der Virus kam unerwartet.
>>
>> Aber er ist da.
>>
>> Alle Menschen haben Angst.
>>
>> Und neue Regeln kamen.
>>
>> Keiner gibt sich mehr die Hand.
>>
>> Und kleine Kinder spielen nicht mehr im Sand.
>>
>> Die Menschheit hofft auf ein Wunder.
>>
>> Wir wollen es wieder munter und bunter.
>>
>> Jetzt hören die Bewohner nur noch:
>>
>> CORONA
>>
>> Das Gedicht ist zwar klein
>>
>> Aber fein

(Adis Mavric)

Für Corona

Hört gut zu und seid gebannt:

Es war einmal in einem fernen Land,

bei uns wart China es genannt.

Auf einem Markt in Wuhan,

kam ein kleines Virus an.

Die Luft dort war so angenehm,

da wollte es bleiben und nie wieder geh'n.

Es vermehrte sich nun auf die Schnelle

und so kam die erste Welle.

Teile Chinas gänzlich abgesperrt,

man dachte, so sei das Schlimmste abgewehrt.

Doch die Globalisierung kam dem Virus entgegen,

konnte sich schnellstens von Ost nach West bewegen.

So sperrte man auch diese Staaten ab,

doch das Virus machte noch immer nicht schlapp.

Es gab ja auch noch Süd und Nord,

das Virus war plötzlich an jedem Ort.

Und alles, was die Menschen unternahmen,

brachte das Virus nur kurzzeitig zum Erlahmen.

Egal war's dem Virus, was der Mensch gern wollt',

kam schon mit der zweiten Welle angerollt.

Soziale Distanz und Masken waren nun Pflicht,

denn das Virus es verschwand trotz aller Maßnahmen nicht.

Es hatte sich nun eingelebt,

sich in manche Lunge eingewebt.

Hatte nicht vor zu verschwinden,

sondern verstreute sich weiter in allen Winden.

Was aus ihm wurde, kann keiner sagen,

aber es gehörte zu einer der schlimmsten Plagen.

Und wenn es nicht vernichtet wird,

dann lebt es für immer.

(Sandra Maghs, 20.05.2020)

(Kilian Köhnlein, 9D)

24

Der

Corona Rap   Inspiration Spache 07

Was hat es gemacht, mit mir heute Nacht. Was
hast du dir gedacht, was Corona nun macht.
Wenn das fieber nun kracht, und die Lunge nicht
macht, ist es vorbei mit der kraft, und mit der
Macht.

Wenn dann   die ersten Strahlen durch das
Krankenhausfenster schießen, und deine Nase
kitzelt, kannst du nichtmal alleine niesen.
Ist unser fieber viel zu hoch, können wir nichts
mehr genießen. Aber mit viel wille schaffen
wir es auch hieraus. (Uh Uh)

Also Ey ye was   geht? Corona kann mir
nichts mehr mach-chen. Ich bin geschutzt, mit vielen
Mund schutz   Mask-ken. Also   Komm
mir nicht zu nahh. Ich will uns nur beschu-
tzen. (Jaa Jaa Jaa Jaa)

RDN

CORONAVIRUS

Interview

Darsteller/Personen: Das Virus
              Die Journalistin Frau Regreb-Schiam

R-S:
Heute ist Donnerstag, der 23. April. Seit über einem Monat
hält uns ein Virus in Atem, die Kontaktsperre soll nun
langsam gelockert werden, die ersten Geschäfte haben wieder
geöffnet. Wir starten in eine neue Phase der Pandemie. Und
wir starren auf die Zahlen, was diese für das öffentliche
Leben bedeuten.

Ich bin Larissa Regreb-Schiam und dazu, was ein Virus zu
sagen hat, spreche ich heute zum ersten Mal mit Covid 19,
das sich bereit erklärt hat, uns Rede und Antwort zu stehen.

Hallo Herr Covid 19, schön, dass Sie zum Gespräch bereit
sind. Wir wissen das zu schätzen, da Sie ja sehr beschäftig
sind zurzeit.

Covid 19 (bzw. Coronus der Neunzehnte):
Ja, guten Tag Frau Regreb-Schiam. Ich hoffe, ich spreche
Ihren Namen richtig aus. Wir Viren werden ja immer
unterschätzt, was den Bildungsgrad betrifft. Aber darauf
werde ich noch zurückkommen. Und wenn ich Sie da
vielleicht kurz korrigieren darf, auch bei uns gibt`s Corona
und Coronus. Das mag Sie ein wenig verwundern, aber
ohnehin sind wir ja die unerkannten und unerforschten

Wesen. Also auch bei uns gibt es - ich will es leichthin formulieren - Männlein und Weiblein. Wo kämen wir sonst hin? Und nicht zu vergessen, die kleinen Covids. So nämlich nennen wir liebevoll die süßen Kleinen. Da wir in der Regel in Großfamilien leben, müssen wir die lieben Kleinen der Einfachheit halber eben nummerieren. Ich - ursprünglich Covid 19 - blenden Sie das bitte kurz einmal ein - bin nun Coronus der Neunzehnte.
Den Menschen ist das natürlich leider noch nicht geläufig, aber wir arbeiten kräftig daran.

R.-S: Ja also .....*(wird von Coronus unterbrochen)*

Covid 19:
Moment, lasen Sie mich bitte den Gedanken noch zu Ende bringen. Also, die weiblichen Viren überwiegen in der Population. Das ist wichtig, hier zu erwähnen. Sie sind zwar bei Ihren Forschungen noch nicht sehr weit gediehen, aber die Information dürfte äußerst wichtig für Sie sein. Sehen Sie, es ist ähnlich wie bei den Mücken. Ihnen wird ja geläufig sein, dass hier nur die Weibchen stechen. Bei uns nun ist es so, dass vor allem die Coronas ein Faible für die männlichen Lebewesen haben.

R.-S. *(leicht verstört mittlerweile)*
Ja, ähm, das verstehe ich, wenn ich ein Virus wäre, dann würde ich natürlich auch .. *(wird wieder unterbrochen)*

Covid der 19. *(aufgebracht)*:
Quatsch, Sie sind kein Virus und werden auch nie an unsere Resistenz heranreichen, was maßen Sie sich an!
Unterbrechen Sie mich nicht immer. Also, die Coronas befallen eher die Männer und genau aus diesem Grunde sind dann auch die männlichen Lebewesen eher in Mitleidenschaft gezogen. Eigentlich aber dürfen Sie das verstehen als einen Akt der Liebe. Sie wählen gezielt aus, unsere Coronas.

R.-S.:

Nun gut, Herr Coronus der 19. Sie sind ja schon weit rumgekommen und haben sich in der ganzen Welt eine Heimstatt gesucht. Nur in Grönland haben sie die Zelte - nein, also die Zellen - verlassen. Könnten Sie uns vielleicht eine ungefähre Information geben, wann Sie, ähm also ob Sie, wie Sie geplant haben, das Feld zu räumen, also die Zellen zu verlassen?

Covid der 19. *(behandelt die Reporterin wie ein naives kleines Kind)*
Also, lassen Sie es mich einmal so erläutern. Ursprünglich hatten wir unseren Wohnsitz auf einer uns wirklich sehr zugewandten Fledermausart in China. Aber auch in anderen Ländern fühlten wir uns in diesen liebenswerten Kreaturen gut aufgehoben. Blenden Sie das bitte einmal kurz ein. *(Eine Fledermaus mit Covid 19 wird eingeblendet als Fotomontage)*

(Covid zögert ein wenig) Tja, es ist eigentlich nur einem Missgeschick zuzuschreiben, dass, ähm ja dass ... *(wird unterbrochen)*

R.-S.:
Ja, was denn nun?

Covid der 19.
Ja, sehen Sie, unsere Kleinen, die noch jungen Hascherl, die sind natürlich auf Erkundung aus. Sie wissen ja, wie Kinder sind. Sie wollten raus in die Welt und ich erinnere mich an lange Diskussionen. Da ging es hin und her: die stinkt die Fledermaus, hier ist es zu warm, Fledermäuse sind doof ...

R.-S.:
Ich verstehe.

Covid der 19.:
Das glaube ich kaum. Ja, und kaum hatten wir mal nicht Acht gegeben, da sind die Kinder kurz auf den Tiermarkt. Sie haben ein bisschen rumgetollt, Kinder sind verspielt, das wissen Sie sicherlich. Die kleinen Covids hatten viel Spaß, das können Sie mir glauben. Wir Eltern hatten für kurze Zeit unsere Ruhe, was sehr entlastend für uns war.

R.-S.:
Ja aber, es gibt doch mittlerweile Meldungen, dass eine chinesische Forscherin den Kot der Fledermäuse gesammelt und in Laboren getestet hat auf Sie? Was ist denn dran an den Meldungen?

Covid der 19.:
Du lieber Gott, alles dummes Zeug. Glauben Sie ernsthaft, wir suhlen uns in der Scheiße von Fledermäusen. Nein, also das stört uns auch an diesen Wesen, die wir gerade bewohnen. Der Schwachsinn, den sie verzapfen. Und diese Theorie ist wirklich sehr kränkend für unsere Population.

R.-S.:
Ja, ja, aber immerhin will Donald Trump China ja mittlerweile verklagen. Können Sie sich vielleicht dazu kurz äußern?

Covid der 19.:
Apropos, wo Sie gerade diesen Namen ins Spiel bringen. Ich will ihn gar nicht aussprechen. Wir Viren sind von Natur aus hoch soziale Wesen. Deshalb suchen wir ja die Nähe. Verstehen Sie?

R.-S.: *(zögerlich)* : Ehm, ja

Covid der 19.:
Nun, wir leben also im Virenverbund und unterstützen uns gegenseitig. Aber in diesem Falle muss ich gestehen, auch nach einer ganzen Reihe von Virenkonferenzen und

Virenschalte konnten wir weder die Covids von Eins bis eine Million, noch die, die zur Milliardenkohorte gehören, davon überzeugen, sich auf diesem asozialen Wesen niederzulassen. Sehen Sie, auch Viren haben eine Art Selbsterhaltungstrieb und der menschliche Todestrieb ist ihnen völlig fremd. Sogar unser Obervirus, Aerosol, der V., der in der Regel in allen Bereichen die volle Akzeptanz und Autorität besitzt, hat hier nichts, rein gar nichts ausrichten können.

R.-S.: *(leise gemurmelt)* Schade eigentlich.

(dann wieder lauter) Lassen Sie mich kurz noch einmal auf Ihr angeblich so soziales Wesen zurückkommen. Ganz viele Menschen sind gestorben, mussten an den Inkubator. Das können Sie doch nicht wegdiskutieren.

Covid der 19.:
Ja, liebe Frau, sehen Sie. Die Kinder haben damit angefangen. Dann mussten wir die Kinder einfangen. Und natürlich, Tier, Mensch, Vogel, Fisch, die Verwirrung war für uns ebenfalls groß. Zudem waren unsere Fledermäuse - so leid wir sie waren, das gebe ich zu - ein ganz anderes Kaliber. Wissen Sie, wer sich um Untote kümmert, der hält auch solche wie uns aus. Verstehen Sie das?

R.-S.: Ja, aber ähm... Ich verstehe.

Covid der 19.: *(wird aggressiv):*
Nichts, Sie verstehen rein gar nichts! Haben Sie eigentlich eine Ahnung, wie viele kleine Covids wir verloren haben, seid an uns herum geforscht wird und wie viele Angehörige ich verloren haben, weil die Wirte so wenig widerstandsfähig waren? Es ist eine Schande! Das will die Krone der Schöpfung sein? Und nicht zu vergessen, die Feindseligkeit, die uns entgegenschlägt. Haben Sie einmal gesehen, wie sich die Münder verziehen beim Nennen unserer Namen? Wie unsere Namen ausgespuckt werden? Und jetzt denkt diese Horde von Dummschwätzern auch noch, sie könnten sich mit

Masken gegen uns wappnen. Es ist so lächerlich. Aber zu letzterem müssten Sie eher Aerosol, den V. fragen.

Ich sage Ihnen eins, am 22. April haben wir eine große Virenschaltkonferenz anberaumt. Da wird besprochen, dass wir uns in allen Schulen Deutschlands in einer Großveranstaltung treffen werden. Die kleinen Covids freuen sich schon riesig drauf. Sehen Sie, auch wir nämlich haben evidenzbasiert geforscht. Die kleinen süßen Viertklässler besitzen eine ähnlich gute Konstitution wie unsere Fledermäuse. Wir können uns dort häuslich einrichten, die Kleinen bemerken uns nicht und zugleich haben wir einen Radius, von dem wir schon seit Jahrhunderten träumen. Sie tragen uns nach Hause zu Mama und Papa, zu Opa und Oma, nicht zu vergessen das Lehrpersonal. Unsere Kleinen wollten immer schon einmal wissen, was in der Schule so abgeht. Glauben Sie mir, die sind nicht auf den Kopf gefallen. Und noch einmal: Auch wir Viren wollen leben. Das verstehen Sie doch, oder?

R.-S.:
Nein, ähm ja doch, aber das kostet doch Menschenleben!

Covid der 19.: *(lacht kurz laut auf)*
Warum sagen Sie das mir und nicht Ihren Kultusministerien oder dieser Schulministerin, die ihre Entscheidungen absondert. Dagegen sind wir Viren harmlos!

Aber entschuldigen Sie, dass ich zum Abschluss kommen möchte. Mein Zeitraster ist eng getaktet. Wir hatten den Plan kurz nach England rüber noch mal zu Boris Johnson. Der denkt ja, einmal gesund, dann immun. Er soll sich in uns Coronas nicht täuschen. Die Kinder freuen sich schon auf die Reise.

R.-S.: *(verzweifelt)*
Aber bitte, warum tun Sie das, Sie hatten doch jetzt über Monate hinweg ihr gutes Auskommen, insgesamt über eine

Million Infizierte und nur in Deutschland über 5000 Tote, was wollen Sie denn noch? Warum gehen Sie denn nicht in ein kleines Tier zurück, wenn die ohnehin immunologisch stabiler sind?

Covid der 19.: *(erzürnt)*
Ja glauben Sie, wir hätten das nicht alles durch auf den Virenkonferenzen?

R.-S.: Und?

Covid der 19: *(verärgert)*
Es gibt für uns zwei gewaltige Probleme: Erstens, es wird immer wärmer; das mit dem Klima ist eine Katastrophe für uns, obwohl wir schon viel aushalten. Zweitens, die Arten, in denen wir uns wohlfühlen, sterben aus. Aber von einer Art gibt es eben immer noch genug. Die ist allerdings wirklich wenig widerstandsfähig. Die hält nicht viel aus. Und das sind Sie!

R.-S.: Wer?

Covid der 19: *(wird beleidigend)*
Wie blöd kann man sein? Der Mensch, diese merkwürdige Spezies. Und wissen Sie was, jetzt grade ist mein kleines Covid 2 schon auf dem Weg zum kleinen Kevin, der noch auf der Roomingin in-Station liegt. Den besucht mein kleines Covid. Und mein Wonneproppen Covid 3 ist Donnerstag in der Schule gewesen. Es geht ihm ausgezeichnet. Er sagt, er habe einen vielversprechenden Wirt gefunden. Ich muss jetzt auch los, denn ich kriege grade einen neuen Auftrag rein.

 R.-S.: (*weinerlich***)**
Ja, aber, da sterben doch dann immer mehr.

Covid der 19: *(gelangweilt)*

Ach, jetzt blasen Sie sich doch nicht so moralisch auf. Während wir dieses Gespräch geführt haben, verhungern Tausende von Kindern und sterben Tausende Menschen in einem Krieg, für den sie selbst nicht verantwortlich sind. So sieht` s aus.

R.-S.: *(völlig aus dem Konzept gebracht)*
Ich bedanke mich für das Gespräch

Covid der 19: *(hoch verärgert)*
Diese Heuchelei können Sie sich bei uns Viren sparen.

R.-S.: *(etwas unsicher und ratlos, räuspert sich und hustet)*
Die nächste Folge unseres Corona - Interviews, diesmal mit Corona der Siebzehnten, gibt es am Montag, den 27.April.

(Claudia Schadt-Krämer)

GET Creative

Es gab einmal eine Coronaviruskolonie auf den Händen eines Jungen.

Diese Kolonie wollte in Frieden leben.

Doch dies änderte sich aber als die „Desinfektions- überschwemmung" sie getroffen hatte. Etwas außerhalb ihres Verstehens hat sie bemerkt und wollte sie los werden. Die Viren mussten zusehen wie ihre Geliebten vor ihren Augen starben. Seit diesem Tag schworen sie Rache an allen Menschen um ihre Geliebten zu rächen und deswegen sind wir an den Punkt an dem wir jetzt sind.

(Joshua Mombeck, 9D)

Der Deutsche

Wer hamstert so spät
durch Wind und Nacht
es ist der Deutsche der spinnt.
Er hält die Nudeln fest im Arm
und Klopapier für seinen Arm

(Alyssa C. Holzappel, 9 D)

Corona oh Corona warum
bist du gekommen?
Corona oh Corona du hast das Leben vieler Menschen
genommen!
Corona weißt du wir Menschen
sind viel stärker als Du!
Corona nur wegen Dir darf ich
nicht rausgehen.
Gemeinsam verjagen wir Dich!!!!
Verschwinde Corona lass uns in
Frieden leben.

Geschrieben von Brandon

Das Coronavirus kommt auf

uns zu, und das Klopapier ist

weg im Nuh.

In China brach es aus und jetzt

kommt niemand mehr hier raus.

Ob Italien, Deutschland oder Österreich

überall hier ist es gleich.

Was man bisher hat alles genossen,

bleibt auf einmal alles geschlossen.

Nun wollen wir hoffen, dass das

Coronavirus bald geht und niemand

von uns unter Verdacht gerät.

Wir werden Sie vermissen.

(Cecile Sharline Puttberg, 9D)

Die Leidensgeschichte einer Klopapierrolle

War mal ne Rolle Klopapier,
so prall und weiß, schön anzusehn.
Kam neben neunzehn andere zu stehn
Und dachte still bei sich:
Wie bin ich rund und dick und herrlich
und freute sich so königlich.

Doch Unheil schlich heran
auf ganz leisen Sohlen.
Roll` um Rolle lichtet sich die Reihe.
Oft am Tag hört sie die unterdrückten Schreie.
Bald schon waren viele Rollen aufgebraucht.
Jede hat ihr weißes reines Leben ausgehaucht.

Wie viel Rollen sind noch da
fragt sie sich im Stillen.
Schon will sie in Trauer sich verhüllen.
Kann es sein, dass ich die Rolle zwanzig bin?

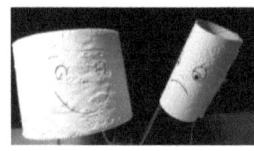 Wie kann ich diesem klopapiernen Tod
entgehn?
Vielleicht bleib ich ganz einfach bockig
stehn.

Doch es kam der Tag,
wo die Rolle neunzehn aufgebraucht,
eine Hand bei Rolle zwanzig nun auftaucht.
Und sie sperrt sich und sie wehrt sich,
aber all das hilft ihr nicht:
schaut dem klopapiernen Tode ins Gesicht.

Ja, so kann es gehn,
niemand wird den Schmerz von Klopapier verstehn
Abgerissen, weggespült,
niemand, der mit ihnen fühlt.

(Claudia Schadt-Krämer)

Corona – eine schwere Zeit,
die Menschen tun mir wirklich leid!
Nur Rumgejammer überall.
Zu viele tote Menschen und traurige,
wird es noch eine zweite Chance
geben? Deswegen Corona bitten
wir Dich, verschwinde so schnell
wie möglich. Drum klopfen wir
dreimal auf den Holztisch und
sagen, alles wird gut, weil
keiner will eine geliebte Person
verlieren so wie ich meinen Opa.
Schade, dass wir Sie nicht
persönlich verabschieden können
Dank Corona

Liebe
Grüße
Isabell

Sport ist kein Hobby sondern
eine Leidenschaft für mich dank
Corona kann ich keinen Sport
machen und werde fett. (Handball)
(Isabell Szymanski, 9D)

GET creative about the Corona virus

You get Corona

I get Corona

Nobody wants Corona

The World ends with Corona

The virus isn´t that good

But nobody gets his food

Trump has a wall

But Corona at home

He calls it China virus

But China end the Virus life

And helps Italy to not cry

2020 is the year

With his own virus in the beer

The Uk is a land

With a small coronarate

(Jeremmy Ligatsch, 9D)

Get creative about the Corona virus!

Corona Corona you have taken many people from this world you keep us from our dosest friends and our family away until when?

Because of you, hours, minutes and seconds of people from this world die because of you there are daily deaths, it is enough to leave the world and never come back again.

Bye, bye Corona

(Ölmez, Rojin Hazel 9c)

Coronavirus

Coronavirus ist gekommen

ist erstmal in China rausgekommen

und dann ist langsam groß

geworden dann ist ja

Italien und dann in Deutschland

(Hawiry Zegir, 9D)

Ey ich hoffe, dass sich das mit dem

Coronavirus legt, denn ich habe gar kein

Bock, dass meine Oma stirbt demnächst

und damit ich jetzt allein in meiner

Wohnung überleb brauch ich ein Monatsvorrat

geh Klopapier und Freibier ey mein ……..

tut weh ist seit Tagen am jucken der

Worstcase wird eintreffen ich kann den Arsch

nicht abputzen.

Okay jetzt mal ernst, ich finde es schade, dass wir Sie

nicht persönlich verabschieden können wegen dem ganzen

Corona kack trotzdem wünsche ich Ihnen alles Gute und viel

Erfolg.

Bleiben Sie gesund!

(Marvin Schnell, 9D

Klang der Leere

Spürte denn niemand, wie groß die Belastung des Lebens wurde, wenn alle, die es trugen, in ihren Häusern hockten. (W. Genazino)

Ein Zwicken in meiner Haut, als ob einzelne Punkte meines Gesichts durch kalte Reize angeregt würden. Ich spüre den Wind. Zugleich trifft mich die langsam steigende Sonne und berührt mich mit ihrer Wärme. Kälte und Wärme vermischen sich nicht in meinem Empfinden zu einer mittleren Temperatur, ich nehme sie getrennt und doch gleichzeitig wahr. Ich atme tief durch.

Mit meiner Bettwäsche und einer Hose bin ich am frühen Morgen auf dem Weg zur Reinigung. Das Unternehmen beliefert auch ein Krankenhaus und ist damit – wie man so sagt – systemrelevant. Da habe ich Glück gehabt.

Auf meinem Wege begegne ich niemandem. Anders als in der Fußgängerzone, in der immer noch ein paar Menschen unterwegs sind, ziehen sich leere Straßen vor meinem Blick, nur gelegentlich fahren Autos vorbei. Alles ist sonst wie immer, Zigarettenkippen, Blütenpollen, auch Papier, aber ich muss weit schauen, um doch noch lebende Wesen zu erblicken. Die Straßen erscheinen länger und breiter als normal, als würden sie sich dehnen, froh darüber, endlich einmal in Ruhe gelassen zu werden. Ein Kamin aus glattem

Stahl, von der Sonne getroffen, leuchtet auf. Vögel beleben die Szenerie mit ihrem Gesang, den ich in bester Qualität empfange.

Ein Plakat fordert mich dazu auf, zu Hause zu bleiben. Offenbar haben es die Leute, die ich auf meinem Weg vermisse, schon vor mir gesehen. Mein Blick bleibt an einem anderen Plakat hängen. Eine Fruchtsaft-Firma schreibt: Wir danken allen, die dieses Plakat nicht sehen. Ich fühle mich an den alten Spaß aus Kindertagen erinnert: Wer das liest, ist doof. Die Botschaft ist paradox, denn der Verfasser rechnet damit, dass es gelesen wird. Wer das Plakat nicht liest, weil er zu Hause geblieben ist, hat keinen Vorteil von den Dankesworten. Man könnte es also eher als Mahnung verstehen. Welches Interesse aber hat die Fruchtsaft-Firma an dieser Botschaft? Sie möchte wohl verdeutlichen, dass so, wie ihr Saft gesund ist, sie auch in dieser Krise um die Gesundheit der Kunden besorgt ist. Die Aufforderung lautet also eher: Lest dieses Plakat.

Schmunzeln muss ich, als ich auf meinem Rückweg lese: Auch in schwierigen Situationen das Lachen nicht vergessen. Ich erinnere mich an eine Karikatur, die ich heute Morgen in der Zeitung gesehen habe: Auf einem FKK-Strand laufen Männer und Frauen nur mit einem Mundschutz bekleidet herum, auch im Wasser.

Wieder zu Hause betrachte ich durch das Fenster eine Kinderzeichnung auf der anderen Straßenseite. Ein Mädchen hat mit farbiger Kreide ein Quadrat mit Dreiecken und Rechtecken ausgefüllt, die jeweils unterschiedlich bunt ausgemalt sind. Nebeneinander sind vier solcher Quadrate zu sehen, doch sind drei schon verblasst. Das vierte leuchtet, von der Sonne beschienen, hell und lebensfroh. Hatte das Mädchen nur Langeweile, oder soll das eine Botschaft an die Nachbarschaft sein, den Mut nicht zu verlieren?

Am Abend höre ich vom Garten her Bläsermusik. Eine Nachbarin aus dem Nebenhaus, Hornistin der Duisburger Philharmoniker, hatte schon einmal ein Konzert für die Nachbarschaft organisiert. Zusammen mit einem Trompeter steht sie nun auf der Dachterrasse des Hauses und spielt einige kurze Stücke, teils Klassik, teils Jazz, für zwei andere junge Frauen, die jeweils von ihren Balkonen aus zuhören. Ich spiele gerne den begeisterten Zaungast. So, wie die Situation improvisiert ist, so erscheint mir die Musik vorläufig, fast nur geprobt, aus der Freude heraus, einfach zu spielen und sich selber und den Zuhörern eine Freude zu bereiten. Am Ende des Konzerts strahlt die Hornistin und winkt uns begeistert zu.

Im Garten des anderen Nachbargrundstückes hört eine ältere Frau zu. Sie verschafft sich Bewegung, indem sie ihren künstlichen Rasen immer wieder im Karree umschreitet. Ich fühle mich ein wenig an den Hofgang von Strafgefangenen erinnert.

Vom Balkon aus beobachte ich eine Elster, die in meinem Gartenteich planscht und einige nicht ganz so harmonische Schreie ausstößt. Die Musik der beiden Bläser wirkt bei mir noch nach und vermischt sich mit dem intensiven Geruch der Frühlingsblumen. Zeige mir den Ton einer Hand, lautet das berühmte Zen-Rätsel. Ich denke über den Ton ohne Hand nach, den Klang der Leere. Nur eine leere Schale kann gefüllt werden, das ist für mich die Erfahrung dieses Tages. Klang der Leere, Geruch der Leere, Geschmack der Leere … Auch zum Kochen habe ich jetzt mehr Zeit. Morgen brate ich mir Lamm-Medaillons, eine Sinfonie der Sinne. (Axel Burghausen)

Größte Herausforderung
Ein Corona-Tagebuch

Corona gibt schulfrei, so die Schlagzeile einer Tageszeitung, Was die Schulminister nicht gewähren, was Schulleiter oder Lehrer nicht wagen, Corona tut es einfach. Ich stelle mir vor, wie die Schüler freudigen Schrittes nach Hause eilen, Tasche und Bücher in die Ecke pfeffern, sich über die verlängerten Ferien freuen. Vielleicht fährt aber auch ein besorgter Schatten über die strahlenden Gesichter. Was ist das eigentlich, Corona? Und … was fange ich mit meiner Zeit eigentlich an? Möglicherweise muss sogar die geplante Urlaubsreise in den Ferien abgesagt werden. Und was ist, wenn nicht nur die Schule schließt? Ist Freizeit ohne Angebote und Programme noch frei?

Früher, als es noch Pest und Cholera gab, sah man das Elend auf den Straßen: Infizierte fielen um, Leichen blieben liegen. Jetzt hat man den Eindruck, alles finde nur in den Medien und in der Politik statt. Des Kaisers neue Kleider, alle reden darüber, aber niemand sieht sie. Die Fernsehbilder aus Italien bieten einen starken Kontrast zu dem erlebten Alltag. Aber können diese Bilder lügen? Des Virus neue Kleider, das kann auch ein Hinweis auf das ständige Mutieren dieses Krankheitsträgers sein. Ich habe erlebt, wie jemand zum Geburtstag einen Karton Corona-Bier geschenkt bekam.

Corona gegen Corona, auch eine Impfmöglichkeit. Ob sie schon ausreichend getestet ist?

Gestern freute ich mich darauf, ein thailändisches Rezept auszuprobieren. Als ich am Abend anfangen wollte zu kochen, merkte ich, dass ich das Hähnchenfleisch drei Stunden vorher hätte marinieren müssen. Ich musste das Essen verschieben. Als ich heute rechtzeitig das Fleisch vorbereiten wollte, fiel mir ein, dass es noch im Gefrierschrank lag. Ich muss noch einen Tag warten. Bisher war mir neu, dass sich Corona auch auf die Gehirnzellen auswirken kann, ich werde auf mich achten müssen.

Dan Patrick, der Vizegouverneur von Texas, forderte, die älteren Menschen müssten bereit sein, sich für die jungen zu opfern. Das erinnert mich an die Inuit, bei denen die Alten sich nackt auszogen und aufs Eis gingen, um den Angehörigen nicht zur Last zu fallen. Aber für Patrick geht es um die Wirtschaft der Vereinigten Staaten. Kapitalismus ist wichtiger als Menschenleben, das ist die Botschaft. Im Elsass werden Patienten über 80 nicht mehr beatmet. Auch dieses Vorgehen, Triage genannt, sondert Menschen nach ihrer Brauchbarkeit aus. Ich überlege: Bin ich erst oder schon 66? Bin ich es noch wert zu leben, habe ich mir diesen Wert sogar erworben?

Plop. Ich schalte meinen Fernsehapparat an, um meine Lieblingsserie zu sehen. Kurz leuchtet das Bild auf – dann nichts mehr. Ich versuche, neu zu starten, es geschieht nichts. Nun fahre ich meinen Laptop hoch. Die Sendung muss jetzt schon begonnen haben. Warum dauert das so lange? Endlich wird der Desktop sichtbar, dann plop – alles weg. Dabei war ich auf diese Folge so gespannt, weil die davor mit einem Cliffhanger endete. Wie kommen die aus der Gefahr heraus? Auch im Radio bekomme ich keinen Empfang. Ich setze mich, um ein Buch zu lesen, und schlage die Seite auf, auf der ich aufgehört hatte. Plötzlich lösen sich die Buchstaben von der Seite, kommen wie in einem 3D-Film auf mich zu, fliegen an mir vorbei und verschwinden im Raum. Nächste Seite dasselbe, dann wieder dasselbe. Ich nehme noch weitere Bücher in die Hand, gebe dann aber auf, weil ich fürchte, dass alle Bücher meiner Bibliothek plötzlich nur noch leere Seiten haben werden. Jetzt bleibt mir nur noch, mich mit mir selber zu beschäftigen. Schweißgebadet wache ich auf.

In jeder Krise steckt auch eine Chance. Das Problem solcher Lebensweisheiten ist, dass sie manchmal tatsächlich stimmen. Ob es aber immer gerechtfertigt ist, dieses Bild aus der Medizin, wo die Krise die Entscheidung zwischen Sterben und Weiterleben bedeutet, auf andere Bereiche zu übertragen, weiß ich nicht. In der Stadt machen alle Menschen einen großen Bogen umeinander. Ich frage mich, ob dieses Grundmisstrauen weiterwirken wird.

Normalerweise erwarte ich von einem Menschen, der mir entgegenkommt, nichts Schlechtes. Aber könnte er nicht ein unbeabsichtigter Krankheitskeim sein? Manchmal weiche ich jemandem aus, und wir lächeln uns an, ein Hoffnungszeichen. Gesten kam ich an einem Bettler vorbei, ich lächelte nicht.

Da bewegt sich doch was. Ich musste genauer hinschauen, um zu erkennen, dass zwei Enten in meinem Teich schwimmen. Eine hat bunte, leuchtende Farben, die andere ist graubraun. Ob sich die Geschlechter ähnlich unterscheiden wie bei uns Menschen weiß ich nicht, ich habe den Verdacht, dass es genau umgekehrt ist. Die Enten schwimmen einträchtig nebeneinander her oder schauen sich gegenseitig dabei zu, tauchen nach Nahrung, verhalten sich also, wie Enten sich verhalten. Dass ich sie betrachte, stört sie nicht. Vielleicht habe ich bald kleine Entlein in meinem Teich. Neues Leben kündigt sich an – jedenfalls für Enten.

(Axel Burghausen)

Ewiger Karneval

Ein Blick ins Jahr 2023

Haben Sie schon eine konkrete Vorstellung? Zwei erwartungsvolle Augen richten sich auf mich und ziehen mich in ihren Bann, die etwas gedämpfte, aber sympathisch klingende Stimme will mich schmeichelnd zum Kauf verleiten.

Nein, ich lasse mich gerne von Ihnen beraten. Eigentlich war es Gabi, die mich entschiedener als sonst, ja ultimativ dazu aufgefordert hat, mir einen neuen Mundschutz zu kaufen, am besten gleich im Set. Man kann sich ja nicht mehr mit dir sehen lassen, meinte sie.

2020, da fing das alles an, und ich kaufte mir zwei Stück in der Apotheke, vorne blau, innen weiß, genug, um den Bestimmungen zu entsprechen und immer ein Exemplar zu haben, während das andere gerade trocknete. Begeistert war ich nicht davon, ich fühlte mich eingeengt und meine Brille beschlug ständig. Und wenn es nicht nötig war, nahm ich die Maske schnell wieder ab.

Aber der Virus, vor dem geschützt werden sollte, wurde zum Dauerzustand, und die Menschen, die zunächst verstört, fast hysterisch reagiert hatten, gewöhnten sich daran. Bald galt es als unfein, jemals ohne Maske aufzutreten. Die Entwicklung überschwemmte meine Abneigung, und dennoch hielt ich an einem kleinen Zeichen des Protestes fest. Während die

Moden sich entwickelten, während Mundschutz-Läden aus dem Boden wuchsen – ich trug immer noch meine ersten beiden Masken. Warum haben Frauen so wenig Verständnis für den Widerstandswillen des Mannes? Gabi warf mir, je nach Laune, Bequemlichkeit, Geiz oder Bosheit ihr gegenüber vor, nahm meine Einwände gar nicht zur Kenntnis und – – und nun bin ich hier.

Ich sehe Mundschutz in allen Farben und Variationen, mit dezenten und knalligen Mustern, mit den Emblemen von Fußballmannschaften und den Bildern von Filmstars, alles passend kombinierbar zu den Modefarben der Saison, zu Hosen, Pullovern und Sakkos, Masken und Krawatten aufeinander abgestimmt als „Twin-Sets".

Ich erinnere mich an meine Iran-Reise vor 30 Jahren. Ich schlenderte durch eine Einkaufsstraße, sozusagen die Königsallee von Teheran, und schaute mir die Schaufenster an. Ich sah Tschadors in allen Farben und Materialien, passend für den mittleren und dicken Geldbeutel. Die iranische Frau, die etwas auf sich hielt, beachtete ihre Religion *und* ihr Aussehen. Auch verschleiert kann man sich herausputzen.

Mein Blick fällt auf eine Puppe, die im Geschäft ein besonderes Modell präsentiert. Daneben, im Spiegel, betrachte ich meinen Bauchansatz. Sehen Männer mit einem modischen Mundschutz wirklich schlanker und muskulöser aus?

Die Verkäuferin bemerkt meine Verwirrung und versucht mir zu helfen, indem sie mich mit Informationen zu Herstellung, Qualität und modischen Raffinessen des Mundschutzes füttert. Ich betrachte das Gesicht der Blondine. Auf der Stirn sind leichte Unreinheiten der Haut zu erkennen, darunter geschminkte, lebendige Augen. Wenn Teile des Gesichts wegfallen, sieht man den Rest intensiver, denke ich. Ob sich die Unreinheit darunter fortsetzt? In meinen Gedanken zeichne ich die fehlenden Gesichtspartien nach. Was bedeckt ist, erweckt immer auch Erwartung. Nase, Mund …, diese Frau scheint sehr hübsch zu sein.

Es ist erst einige Jahre her, dass es – z.B. bei Demonstrationen – ein Vermummungsverbot gegeben hat. Inzwischen hat man sich daran gewöhnt, Menschen nur an ihren Augen zu erkennen. Zeigen sie mir doch einen Mundschutz, der zu meinen Augen passt, sage ich. Die Verkäuferin ist erleichtert, dass ich endlich einen konkreten Wunsch äußere. Sie zeigt mir mehrere Modelle und gibt mir einen Handspiegel. Ich kaufe drei Masken, sie werden Gabi gefallen.

Vor drei Jahren begann alles mit einer Karnevalsfeier. Menschen verkleiden sich, nehmen eine neue Identität an, verschleiern ihre alte, zeigen, welche Eigenschaften noch in ihnen schlummern, die sonst nicht zum Ausdruck kommen. Jetzt ist immer Karneval, denke ich und überlege, was mir eigentlich nicht daran passt. (Axel Burghausen)

Abschiedsgedicht

Die Zeit ist vorüber

auch für uns Schüler.

Sie werden jetzt gehen.

Ich hab keine Ideen.

Nun schreibe ich dieses Gedicht,

denn es ist halt meine Pflicht.

Wir hatten es zwar im Unterricht,

aber ich sag trotzdem, kann ich nicht.

Sie haben es zwar oft gehört,

sind aber jedes Mal empört.

Wir haben viel gelacht,

aber auch nachgedacht.

Grammatik und Rechtschreibung sind toll,

deswegen sage ich nur lol.

Wir mussten nicht immer schreiben und lesen,

aber bis zum Unterrichtsschluss bleiben.

In der letzten Arbeit durften wir spicken.

Trotzdem sollten wir nicht mit dem Kuli klicken.

Das Corona Virus hat es verbockt.

Einige haben im Unterricht gezockt.

Nun habe ich wirklich keine Idee

und sage laut oh je.

Mit diesen Worten endet das Gedicht und hoffentlich auch

mit einem lachenden Gesicht. (Magdalena und Dalila 7D)

Ceci n'est pas un virus mortel - ceci est

une plante vivante

Que Bonheur

Traditionsgut aktualisiert (Verfasser bekannt)

Es waren zwei Königskinder (Verfasser unbekannt)

Es waren zwei Virenkinder,
die hatten einander so lieb.
Sie konnten zusammen nicht kommen,
der Mundschutz ein Hindernis blieb.

Ach Liebster, du kannst doch fliegen
so flieg doch herüber zu mir!
Die Fenster sind all geschlossen,
kein Lufthauch regt sich hier.

Da war ein kluger Lehrer,
der manchem den Spaß verdirbt.
Der tat die Fenster öffnen,
das Virus im Luftzug stirbt.

Und als es tot im Wind trieb,
da weinte das andere so sehr.
Es fliegt in Windeseile
durchs Fenster schnell hinterher.

Bald hört man die Schulglocke läuten,
man fühlt sich sehr befreit.
Draußen liegen zwei Virenkinder,
die tun heut keinem ein Leid.

(Claudia Schadt-Krämer)

Wispern und Flüstern

Hörst du, wie es wispert in den Bäumen?
Hörst du, wie es raschelt in den Blättern und im Laub?
Wind geht leise
säuselt seine leichte Weise.

Und die Luft riecht frisch und neu.
Aerosole flüstern leise:
Komm, hab keine Scheu.
Schau nur, wie sie singen, wie sie lachen, Faxen machen
und die Münder so weit offen!
Welch ein Sehnen, welch ein Hoffen.

Alle wiegen sich in Sicherheit,
jung gefreit, nie gereut.
Lass uns in die Münder fliegen,
diese Spezies besiegen.
Aerosole schaffen das mit Leichtigkeit.

Sehnsucht

Es schienen so golden die Sterne,
am Fenster ich einsam stand
und hörte aus weiter Ferne
ein Posthorn im stillen Land.
Das Herz mir vor Sorge entbrannte,
da hab` ich mir heimlich gedacht:
wer verbreitet die Viren so töricht
in der prächtigen Sommernacht

Zwei junge Gesellen gingen
vorüber am Bergeshang.
Ich hörte im Wandern sie singen
ohne Mundschutz und mir wurde bang
vor Aerosolenrauschen
in der Luft so leicht und so sacht

einem Heer von feinen Viren,
die sich stürzen über uns in der Nacht.

Sie sangen von Exponentialen,
von Lockdown und Lockerung,
von Hygiene und Handwaschqualen
und wollten für die Wirtschaft wieder Schwung,
dass die Menschen sich wieder vergnügen
und im Konsum ergehn
sich eng aneinanderschmiegen
und sich ohne Mundschutz verstehn.

Literaturwissenschaftliche Hinweise

Epoche und Verfasser bisher unbekannt. Die Literatur-
wissenschaft vermutet Joseph von Eichendorff als Verfasser.
Forscher sind sich noch uneins, ob nicht auch Heinrich Heine
und weitere Romantiker den Folgen von Covid 19 erlegen
sein könnten. Bei Heinrich Heine werden nun Spuren von
Haarpartikeln genetisch erneut untersucht. Bislang waren
andere Krankheitserreger vermutet worden.

Vor allem bei Eichendorff, der an Lungenentzündung
verstarb, vermuten Forscher nun eine frühe Covid 19
Infektion. Heute hätte er mit seinen 69 Jahren eindeutig zur
Risikogruppe gezählt werden müssen. Weiter ist anzu-
nehmen, dass Eichendorff in einer abgewandelten Form des
Gedichtes "Sehnsucht", das erst neuerlich in seinem Nachlass
aufgefunden wurde, als früher Mahner vor leichtfertigem
Umgang mit Aerosolen verstanden werden kann.

Hingegen scheint ersteres Gedicht "Das Wispern und
Flüstern" kurz vor seinem Tode entstanden sein. In einer
Form der Rollenpoesie versucht Eichendorff hier die
drohende Krankheit und das erahnte Ableben ironisch zu
brechen in Form der romantischen Ironie.

Hier eröffnet sich ein ungeahntes Forschungsdesiderat. Ein Antrag an die Gesellschaft für Wissenschaft und Forschung ist in Arbeit. Jungen Doktoranden eröffnen sich Dank Corona ungeahnte Forschungsmöglichkeiten auf Abstand und unter Berücksichtigung der Hygienevorschriften.

Erst kürzlich konnte der zufällige Archivfund eines jungen aufstrebenden Doktoranden die gewagt anmutenden literaturwissenschaftlichen Hypothesen erhärten. So scheint Eichendorff tatsächlich Mundschutz getragen zu haben. Untersucht werden muss nun, ob dieser damals schon heutigen virologischen Standards entsprach. Auch muss der Frage nachgegangen werden, wem das einzigartige Dokument zu verdanken ist. Ab dem Sommersemester 2021/22 richtet die Universität Duisburg-Essen einen neuen Lehrstuhl ein in Zusammenarbeit mit der Charité Berlin: Interdisziplinär konstruktivistische Literaturvirologie. Unter besonderer Berücksichtung von Covidonomatopoetischer Konstrukte, Coronahermetik und intertextueller Kohärenz.

Ausschreibung: Im Rahmen eines wissenschaftlichen Forschungsprojektes, finanziert über drei Jahre hinweg durch die DFG, wird vor allem primär unter Berücksichtung einer literatursoziologischen Methode die Lyrik der Romantik neu analysiert unter dem Blickwinkel einer möglichen schon zu damaligem Zeitpunkt grassierenden Corona-Pandemie.
Da die Forschung drittmittelgebunden sein wird, sind Bewerber verpflichtet, ein eigenes Forschungsdesiderat zu unterbreiten. Anträge sind zu übersenden an den Fachbereich Literaturwissenschaften/Schwerpunkt Literaturvirologie

Erste eingegangene Bewerbung

Till Endenich
BAA MFA
Stussstraße 99
45091 Münchenhausen

Hallo,
ich will mich auf die Stelle bewerben und würde gerne mein
Doktor machen. Ich habe bei Google ein Gedicht gefunden, das
von dem Novalis ist.
Ich bin mir sicher, dass der auch eigentlich was über Corona
Pandemie schreibt - also als die Ende war.

Ich will das mal kurz erklären. Ich habe, wollte ich auch noch
sagen, Allgemeine Hochschulreife gemacht auf Goethe
Gesamtschule in Hessen. Danach habe ich soziales Jahr
versucht und dann mich eingeschrieben damals für Deutsch
und Kommunikationswissenschaft. Habe ich auch zu Ende
gemacht mit 1,3. Soviel erst mal dazu. Jetzt das Gedicht.

Also das geht so:

Wenn nicht mehr Zahlen und Figuren

Wenn nicht mehr Zahlen und Figuren
sind Schlüssel aller Kreaturen
wenn die, so singen oder küssen,
mehr als die Tiefgelehrten wissen,
wenn sich die Welt ins freie Leben
und in die Welt wird zurückbegeben,
wenn dann sich wieder Licht und Schatten
zu echter Klarheit werden gatten
und man in Märchen und Gedichten
erkennt die wahren Weltgeschichten,
dann fliegt von einem geheimen Wort
das ganze verkehrte Wesen fort. *Novalis (* 02.05.1772,*
† 25.03.1801)

Also wie man da sieht, hat der ja so etwa 18.
Jahrhundert gelebt. Nur noch ein Jahr von dem 19.
Jahrhundert. Kann man eigentlich dann weglassen.
Ich schätze mal, da war der schon bisschen am
sterben. Habe ich auch nachgeguckt. Das ist schon
interessant, denn der war ja auch Naturwissen-
schaftler und die schreiben, dass die bis heute ein
Deutungsproblem mit sein Werk haben. Also so,
der ist eigentlich total fortschrittlich gewesen und
hat viel antizipiert, sagen die. Also ich glaub, die
meinen so vorweggenommen. Hab ich recherchiert.
Ich finde dann, das passt total gut. Und die
Freundin von dem, die Sophie, ist im November
1795 an Lungenschwindsucht gestorben. Ich sehe
da einen richtig guten Zusammenhang zu dem
Forschungsprojekt. Und dann kommt noch dazu,
dass der auch an einer Krankheit mit Schmerzen im
Unterleib und in der Brust gestorben ist. Die
Forscher wissen ja jetzt schon mehr, dass
Coronavirus ganz viele Körperorgane schädigen
kann. Und krass ist auch noch, dass der das
Gedicht 1800 geschrieben hat.
Ich glaube, der hat das schnell geschrieben, weil
der wahrscheinlich schon im Kopf hatte, dass der
stirbt.

*Das Gedicht hat 12 Zeilen mit immer Paarreim.
Eigentlich so ganz einfach. Man kann das beim
ersten Lesen schon gut verstehen. Da sind nämlich
keine schweren Wörter drin. Nur "gatten" ist glaube
ich ein altes Wort von früher.*

*Erste Zeile spricht der von Zahlen und Figuren. Das
passt. Die haben vielleicht irgendwie auch damals
schon die Zahlen von denen, die krank und
gestorben sind, rausgegeben. Zeitungen gab´s ja
schon. Und die konnten das ja dann nachlesen.*

*Zweite Zeile passt auch, weil die wahrscheinlich
damals die Menschen dann auch nur noch wie
Zahlen gesehen haben. Die konnten die nicht
testen, das gab es ja noch nicht, glaube ich mal.
Und bestimmt hat den Novalis das krass gestört,
weil dem die Menschen ja bestimmt so als
Menschen wichtig waren. Und der Novalis war sich
auch sicher, dass die Leute, die sich für voll schlau
halten, eben doch nicht so viel wissen. Weil der ja
eben auch noch Gedichte geschrieben hat und voll
romantisch war.*

Dann wird das total interessant. Der spricht ja in der 5. Zeile von dem freien Leben. Kann doch gut sein, dass die damals auch so was wie einen Shutdown hatten. Die durften vielleicht auch erstmal nicht mehr rausgehen. Der schreibt ja, dass die Welt sich ins freie Leben zurückbegibt. Das passt doch total zu heute auch. Wie bei uns. Wir machen ja jetzt wieder alles.

Und dann wird der bisschen romantisch, aber man kann auch denken, dass der da schon krank war und vielleicht nächste Zeilen dann unter Fieber geschrieben hat.

Aber mit der Klarheit könnte der auch meinen, dass die endlich was rausgekriegt haben zu dem Virus und man dann eben wieder phantasievoll leben kann. Und das mit dem "verkehrten Wesen", also damit könnte der schon irgendwie auch dieses Coronavirus gemeint haben.

Also meine Forschungsdesideratfrage wäre eigentlich, was der jetzt so genau mit dem "geheimen Wort" meinen könnte und mit der Klarheit gatten von Licht und Schatten. Da würde ich gerne noch dran forschen. So gesehen aber ist für mich ganz klar, dass der das Gedicht auch über

Corona Pandemie geschrieben hat. Und jetzt kommt meine Idee: Vielleicht hat der, wo der ja auch Naturwissenschaftler war, selber was gefunden und hat das irgendwie unter so einem geheimen Wort abgespeichert, so Art Passwort. Und der Goethe hat ja auch was rausgefunden zu Pflanzen. Da müsste man jetzt mal gucken, ob man das in anderen Gedichten von dem Novalis finden kann. Ich würde da mal auf die Suche gehen.

Also nur mal als noch eine Idee: Vielleicht war da mit der Blauen Blume eigentlich dieses Virus gemeint.

Ich freue mich auf eine Einladung und komme gerne vorbei.

Viele Grüße von

Till Endenich (BAA MFA)

(ClaudiaSchadt-Krämer)

Doris Gross
An: claudia
07.06.2020 20:38
Betreff: Ungeahnte Ausmaße

Liebe Claudia, eine neue Epoche drängt sich auf: Corona. Sie begann schon weit vor den frühmittelalterlichen Gesängen, wie wir unlängst schon bei Walther von der Vogelweide erfahren durften. Wie ein roter Faden durchzieht sich das Thema durch die Impressionen der textilen historischen Gestaltungen aller Epochen. Hier müssen die Forschungen ansetzen, ein neuer Ansatz, den es sich lohnt zu verfolgen. Ich bin ganz bei dir, Claudia und habe die neuen unbekannten Verfasser verstanden. Die Interpretationen zu den Texten stehen am Start. Wohin wird uns Corona literarisch führen? Die Fachfrau Frau Dr. Schadt Krämer steht vor einer Herausforderung ungeahnten Ausmaßes. Behalten wir die Entwicklung im Auge. Es wird sich wenigstens da lohnen. Liebe Grüße Doris

Anhang zur 31. Schulmail vom 30.04.2023

37. Anlage zur 31.Schulmail in Ergänzung zur 36. Anlage 30. Schulmail vom 30.04.2023 mit Hinweis zu verpflichtender Kenntnisnahme der 29. Schulmail 33. Anhang unter besonderer Berücksichtigung von § 5 Absatz 7 SchulG. In veränderter Fassung auch zu finden unter der Adresse www.schulministerium.nrw.

In Anlehnung an die Corona-Pandemie-Erkenntnisse einer Gemeinschafts -Telefonschalte der Virologenkonferenz vom 31.4.2023 weist das Schulministerium unter Leitung von Frau X.Y das bislang als vorerkrankt gegoltene Lehrpersonal an, sich einer eigens für Lehrer entwickelten Coronatestung zu unterziehen.

In Zusammenarbeit mit dem Robert-Koch-Institut und dem Gesundheitsminister NN sowie namhaften Krankenkassen wurden spezifische Lehrercorona-testungen entwickelt, die es ermöglichen werden, die Zahl der vorerkrankten Lehrer drastisch zu reduzieren, um die Unterrichtsnotlage, die derzeitig durch Klassenteilungen entstanden ist, zu reduzieren. Darüber hinaus werden zurzeit neue Rechenwege geprüft, die es ermöglichen, die im Klassenraum einzuhaltenden Abstandsregelungen rechnerisch neu zu denken und dementsprechend neu zu modellieren. Dazu verpflichtet die oberste Schulaufsichtsbehörde

Schulleitungen, inklusive erweiterte Schulleitungen zu einer Videofortbildungskonferenz am 1.5.2023. Dazu wird per Erlass vom 28.04.2023 der 1. Mai als Feiertag per Dekret landesweit außer Kraft gesetzt.

Lehrpersonal, das mit Risikogruppen bzw. pflegebedürftigen Risikoangehörigen in einem Haushalt zusammenlebt, findet sich umgehend in der von Fachkräften den Hygienevorschriften entsprechend gereinigten und einmal grunddesinfizierten Sammelunterkünften ein. Verantwortlich für die Aufstellung der Sammelunterkünfte sind per Erlass vom 26.04.2023 die Kommunen. Auch hier greift in Bezug auf die Abstandsregelung der Berechnungsmaßstab, der der Videokonferenz zugrunde liegt. Einsehbar auch in Schulmail 30. Anlage 25 a § 7.

Bei Erkrankung einer Lehrperson an Covid 19 greift § 6 Anlage 44 der 26. Schulmail. Es gelten ausschließlich Krankschreibungen durch einen virologisch qualifizierten Amtsarzt. Krankenscheine müssen einen Tag vor Ausbruch der Symptome in Schriftgrad 12 Arial an die oberste Schulaufsichtsbehörde sowie in Kopie an das Schulsekretariat gesandt werden. Im Falle einer 14tägigen Quarantäne sind die Mitarbeiter der QA angehalten sowie verpflichtet, täglich alle drei Stunden einen Hausbesuch durchzuführen zur Wahrung und Kontrolle der dienstrechtlichen Verpflichtungen des

Lehrpersonals. Materialpakte im Klassensatz ist dem QA Personal unaufgefordert auszuhändigen und wird im Archiv der obersten Schulaufsichtsbehörde zur Einsicht archiviert. Schülerinnen und Schüler haben das Recht, nach 10 Jahren Einsicht in das Material zu nehmen. Zu finden auch im Bildungssicherungsgesetz von 12.3.2022 Anlage 5 Absatz 7 §1a.

Zur Wahrung der Unterrichtsversorgung werden ab dem 2.5.2023 auch Lehrkräfte herangezogen, die seit dem 30.7.2022 das Renten- und Pensionsalter erreicht hatten. Hier gelten besondere Coronabestimmungen wie folgt:

Allen Schulen werden 100 Coronaschnelltests zur Verfügung gestellt. Diese müssen durch zwei Lehrkräfte, deren Nicht-Vorerkankung vom Amtsarzt diagnostiziert und der obersten Schulaufsichtsbehörde zeitnah zugeleitet wurde, persönlich an einem noch zu veröffentlichenden Standort in Empfang genommen werden. Siehe dazu auch Schulmail 32 Absatz 10 §5.

Alle Lehrkräfte unterziehen sich vor Eintritt in den Klassenraum einer Coronaschnelltestung, die der Hausmeister auswertet und deren Ergebnisse bis zum Ende des Schultages an die Schulleitungen ausgehändigt werden. Die Schulleitung entscheidet, ob die betreffende Lehrkraft hätte unterrichten dürfen.

Zur Einhaltung von Abstandsregelungen wird der Lehrkraft, die das 66. Lebensjahr erreicht hat, ein Rollator, der den strengen Hygienevorschriften unterliegt, für die Zeit des Unterrichts zur Verfügung gestellt. Die Kommunen zeichnen verantwortlich für die Bereitstellung von Rollatoren in genügender Zahl. Per Antrag kann auch unter strenger Einhaltung der Hygienevorschriften die sogenannte Doppelbenutzung genehmigt werden. Dazu auch Genaueres in Schulmail 17. §4 Absatz 3.1 a

Schulmail 32 eingegangen um 23:15 am 1.5.2023
Das Ministerium hat sich kurzfristig unter Berücksichtigung der Fürsorgepflicht von folgenden Überlegungen leiten lassen: Da Coronatestungen erneut ein wertvolles und rares Gut darstellen, werden die coronafreien Lehrpersonen verpflichtet, die Testungen an einem auch dem Ministerium erst kurz vor der Übergabe bekanntwerdenden Ort in Empfang zu nehmen. Hierzu erhalten die Schulleitungen einen Tag vor der Übergabe eine Codenummer und ein Passwort, das immer mit sich zu führen ist. Codenummer sowie Passwort müssen vor Antritt der Fahrt an den noch bekannt zu gebendem geheimen Ort in ein dafür eigens eingerichtetes Corona – Ban - Portal eingegeben werden.

Ergänzung zur 32.Schulmail Anlage 97./2A

In Korrektur zur 32.Schulmail, eingegangen um 01:23 vom 1.5.23 kann in Ausnahmefällen auch eine Person alleine am noch bekannt zu gebendem Ort die angekündigten Coronatestungen in Empfang nehmen. In weiterer Korrektur zur 32. Schulmail werden nur die Lehrpersonen getestet, die mit Aufnahme des Unterrichts das 68. Lebensalter erreicht haben zum 30.8.2022

Schüler, die vorerkrankt sind und mit vorerkankten Personen in einem Haushalt leben oder mit vorerkrankten Personen in dritter Linie verwandt sind, werden verpflichtet, die digitalen Lernmöglichkeiten zu nutzen. Jede Schule stellt dazu jedem vorerkrankten Schüler mit vorerkrankten Anverwandten ein Tablet zur Verfügung. Für die Anschaffung der Tablets zeichnen die Kommunen verantwortlich. Näheres dazu findet sich in Anlage 13 § 7 Absatz 2.5..

Diese Verordnungen treten am Tag ihres Inkrafttretens in Kraft

Korrektur der 31. Schulmail vom 30.04.2023

Die Virologenkonferenz, auf die die 31. Schulmail Bezug nimmt, tagte am 29.04.2023.

Du bist'

Corona lässt ein grausam' Band

Plötzlich flattern durch die Köpfchen;

Üble, unsichtbare Tröpfchen

Streifen wirkungsvoll das Land.

Pandemien träumen schon,

Wollen balde kommen.

- Horch, aus Berlin - eine RKI-Information!

Covid-19, ja Du bist's!

Dich hab' ich vernommen!

(Jenny Steenbreker)

Du bist's

Corona lässt ein grausam' Band
Plötzlich flattern durch die Köpfchen;
Üble, unsichtbare Tröpfchen
Streifen wirkungsvoll das Land.
Pandemien träumen schon,
Wollen balde kommen.
- Horch, aus Berlin - eine RKI-Information!
Covid-19, ja Du bist's!
Dich hab' ich vernommen!

Illustration: Christiane Herberth

Corona...

Was bist du, dass die modernsten Labors der Welt dich nicht zerstören können?

Was bist du, dass geschützte und bewaffnete Orte durchdringen kannst ohne dass dich jemand sieht?

Was bist du, dass du uns das Leben schwer gemacht hast? So dass die Eltern rennen vor ihren Kindern weg damit sie nicht sterben!

Was bist du, dass du solche Gerechtigkeit hast und die Armen und Reichen nicht kennst, wenn es darum geht, Menschen zu töten!

Was bist du, dass selbst die Reichen dir mit all ihren Reichtum auch in privaten Krankenhäuser nicht entkommen können und zum ersten mal kann selbst ihren Reichtum ___, nichts für die Reichen tun!

Was bist du, dass die mächtigsten Menschen der Welt Angst haben, deine Name zu hören

Ich denke, du bist gekommen, um die Menschen wegen ihrer Sünden einzusperren. Genau wie im Gefängnis, muss ein Gefänger über die Sünde nachdenken, die er begangen hat. Du bist gekommen, um uns die Kraft Gottes zu zeigen.

Du bist gekommen, um uns an die Segnungen der Gesundheit zu erinnern und uns zu zeigen, dass Gott uns nichts schuldet sondern ___, wir Gott „Dankbarkeit" schulden.

Du bist gekommen, um uns an den Gott zu erinnern, den wir vergessen haben und ich denke, du wirst unsere Welt nicht verlassen, bis wir bessere Menschen werden.

Ich weiß nicht, was du bist und woher du kommst...

aber ich weiß sehr gut, dass du niemandem das Leben nehmen kannst, wenn Gott es nicht will.

Mahshid Sadeghi   02.06.2020

Lieber Herr Hönig,

ich möchte mich bei Ihnen bedanken für die letzten vier Jahre. Sie haben sehr viel für unsere Schule gemacht in den letzten Jahren. Sie haben dafür gesorgt, dass es uns allen gut geht und dass wir auch gut gebildet werden. Sie sind auf Wünsche der Schüler eingegangen, nicht jeder Schulleiter würde so was machen. Eine Sache, für die ich mich nicht bedanken konnte. Ich danke Ihnen, dass wir eine zweite Chance bekommen hatten mit dem Schulball. Nicht jeder würde nach einem Reinfall eine zweite Chance geben. Die Gesamtschule Emschertal wird Sie vermissen und wir werden Sie auch nicht vergessen. Ich danke auch meinem Onkel, dass er hier auf der Schule war; sonst wäre ich nie auf diese Schule gekommen. Ich hoffe, dass ihr Nachfolger genau so nett sein wird. Ich glaube, ich spreche im Namen der ganzen Schule, dass wir Ihnen sehr dankbar sind.
Ihre Gesamtschule Emschertal

(Asena Güngör, 9 D)

Florian Bessel < schrieb am Mo, 08.06.2020 17:38: >

vor einem Jahr kam ich hierher ,

> vom Elly, dort war es zu schwer.

> dann lernte ich ihn kennen

> doch wie sollte ich ihn nennen.

> und es wurde noch schwerer

> er wurde mein Deutschlehrer.

> es hatt mir sehr gefallen

> ich spreche bestimmt Von allen

> traurig sind wir sehr,

> kommen sie nicht mehr her.

 > > vielen Dank für die ganze Zeit die ich mit ihnen verbringen

durfte >

Florian Bessel

Ein Gedicht über „Hoffnung"

Hoffnung es eine Brücke durch Schmerz,
Wenn es einen großen Schmerz in meine Seele gibt.
Wenn Fehler die hundertste Runde sind.
Aber vergiss meinen Kumpel nicht über die Hoffnung
Hoffnung wird ein bester Freund sein!
Hoffnung im Herz wird nicht sterben!
Hoffnung lehnt uns Glücksleime
Es gibt Hoffnung und wir glauben daran!

(Munisa Saburova)

Mein Tagebuch

Hallo, mein Tagebuch. Ich weiß nicht, wie ich dir diese Neuigkeiten mitteilen soll! Wir hatten nicht genug Feuer in Australien. Hier ist noch eine schlechte Nachricht. In China ist ein Virus aufgetretet und heißt Coronavirus. Coronavirus ist wie Grippe. Wenn man die Krankheit hat, bekommt man; erhöung der Körpertemperatur, Müdigkeit, trockener Husten, Muskel- und Gelenkschmerzen, verstopfte Nase, Ausfluss aus der Nase, Halsschmerzen und Durchfall. Ich wünschte, dass China dieses Virus schnell verschwindet, befürchtete jedoch, dass sich diese Krankheit auf der ganzen Welt ausbreitet. ABER ES IST PASSIERT! Ganze Asia, Europa, Amerika, Afrika und Australien bekämpfen diese Krankheit. In Deutschland gab es infizierte, aber ihre zahl ist viel größer geworden. Seit dem 13. März ist ganze Deutschland unter feste Quarantina. Alle Schulen, Kindergärten, Universitäte, viele Geschefte wahren bis zum 20. April geschlossen. Die Schulern bekommen die Aufgabe per Email in den app Iserr. Am Tag bekommen wir 5 bis 6 Aufgaben, die wir bearbeiten sollen, wenn wir fertig sind, schicken wir die lösungen zurück. Manchmal haben die Schülern schwirigkeite mit dit Aufgaben, dann senden wir Email an und die lehren ekleren uns wie schnell und möglich. 16 April gab es ein Konferenz, wo Angela Merkel redete über Schulpflicht. Schulen und so weite wahren bis 4 Mai verschoben. Ich war sehr traurig. Wir haben weiter hin die Aufgaben bekommen. Ich versuchte die Aufgaben wie schnell und möglich bearbeiten und an die lehren senden. Ehrlicht zu sein, ich habe die Schule vermisst. Ich bhabe die Lehren, Freunde so sehr vermisst. Herr Makulik unterrichtet uns nicht mehr. Wir haben ein neu Englich Lehrerin bekommen, sie heißt Frau Tölken. Viele Schulern sagen, dass d Frau Tölker nett ist, ich bin gespant. Sonst, wir sind die ganze Tagen zu Hause. Manchmal will ich mit meine Freunde treffen, wegen Coronavirus können wir uns gar nicht mal treffen. Aber ich hoffe irgendwann wieder meine Freunde treffen. Ab 27. April wir müssten Nasenschutzmaske tragen z.B. bei Einkaufen, im Bahn und Bus. Sonntag dem 3. Mai bereitete mich für die Schule. Ich hatte so schöne Laune auf einmal meine Mutter lieste im Internet über die Schulen und hat mit mir geteilt, dass die Schule nicht stat findet. Ich war sehr traurig und wollte weinen. Heute ist Montag wir bekommen immer noch Aufgaben. Momentan ich habe eine Aufgabe fon Englich bekommen, jetzt warte ich auf die nexte Aufgaben.

(Munisa Saburova)

Deutsch gedicht

Lass es sein geh nicht raus,
denn der Corona Virus schwebt da draus,

Keine Hand darf ins gesicht,
Vergiss das HändeWaschen nicht.

Im Ausland ist es schlimm.
das ist das was ich sehe ohja das stimmt,

mit Panik und Wut tut Wasser gut,

Das Fußballspielen ist nicht mehr möglich.
denn der Corona Virus ist tödlich,

Homeschooling ist eine schwere sache,
ich komme nicht genau klar was ich mache

(Hamed Branco 8B)

Bedirhan

C🦠RONA ~ FREI

In dieser Zeit hatte ich
keine Schule :
Von März bis Festan

So habe ich mich
in der Zeit gefühlt:

mit meine schweste
und zispielt und
mit meine schweit
filme se kuckt

Mein tollstes
Erlebnis zu Hause

Damit habe ich
mich am meisten
beschäftigt
hausaufgaben
und spiel + spa

Stein
adler

Mein Lieblingslied

Mein Lieblingsbuch

CORONA ~ FREI

In dieser Zeit hatte ich keine Schule. Von: 16 März bis 12 Mai

So habe ich mich in der Zeit gefühlt

Mein tollstes Erlebnis zu Hause

Von Meiner Nachberin das baby Zu sehen und mit Mein brader spielen. und Grillen im Garten

Damit habe ich mich am meisten beschäftigt: Mit mein Fernsehr und Handy

Von den Haschak sister Hush

star- Light singebill etc Zic ken

Mein Lieblingslied

Mein Lieblingsbuch

79

Alisha

CORONA ~ FREI

In dieser Zeit hatte ich keine Schule 8 Wochen

So habe ich mich in der Zeit gefühlt

Mein tollstes Erlebnis zu Hause

Mein tollstes erlebnis Zuhause war ich hatte Geburtstag und ich habe sehr schöne sachen bekommen. Und Meine Mama hat was ich Internet gestellt damit ich meine Langeweile habe

Damit habe ich mich am meisten beschäftigt
Familie
Hausaufgaben
Tiktok
Backen

Billie eilish ♡

Mein Lieblingslied

100 dinge die ein Mädchen wissen muss

Mein Lieblingsbuch

82

Corona-Steckbrief

Vorname: Corona
Nachname:
Spitzname:
Lieblingszahl: 19
Mutter:
Bester Freund:
Liebesbeziehung: Grossbritannien
Verwandte:
Schlimmster Feind:

Reglen

Zu Hause bleiben

Abstand halten

1,5 m

Masken Pflicht

1. Man müss zu Hause Bleiben also
   (# Wir bleiben zuHause)
2. Wir halten Abstand also (1,5m)
3. Wir tragen Masken

Corona   «Gedicht»

Die ganze Welt ist davon betroffen,
der Verlauf ist noch völlig offen.
Sowas hatten wir ja noch nie,
Corona zwingt uns in die Knie.

Das fällt uns doch alle schwer,
denn, wir müssen aufpassen sehr.
Wir sollen ja nicht mehr raus,
aus der Wohnung oder aus dem Haus.

In diesem Sinne : Durchhalten, bis auf
irgendwann.
damit dann das "normale Leben"
beginnen kann.

Scheila   GE

30 Sec.!

Bilder

Corona Virus

Symptome (COVID-79)

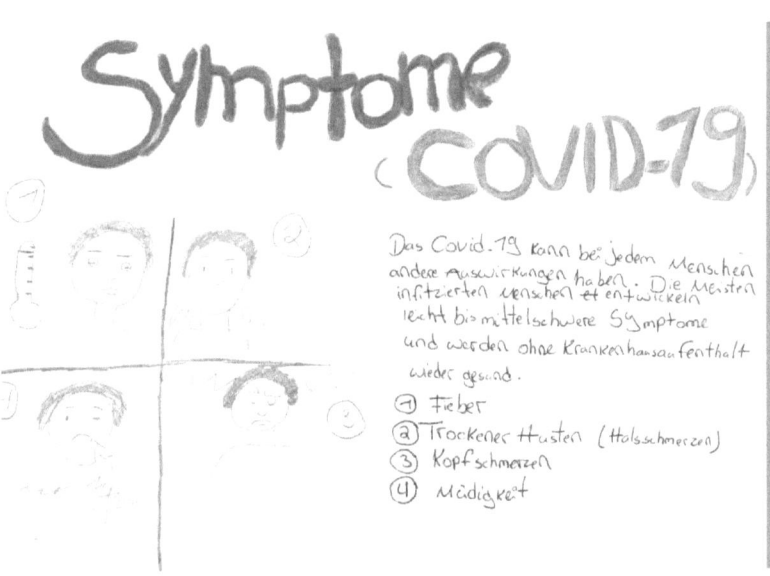

Das Covid-79 kann bei jedem Menschen andere Auswirkungen haben. Die Meisten infizierten Menschen et entwickeln leicht bis mittelschwere Symptome und werden ohne Krankenhausaufenthalt wieder gesund.

① Fieber

② Trockener Husten (Halsschmerzen)

③ Kopfschmerzen

④ Müdigkeit

Hallo Herr Hönig

Ich schreibe in um persönlich
mich von ihnen zu verapschiden.
Sie waren der beste Chef und
der best Schuleiter der Gesamt Gte
schule ich werde sie veremissen
Die Schule wir Sie vermissen
Die Leher und Leherinen werden
sie vermissen. Sie werden immer
in einer erinnerrungbleiben
Sie haben aus was mir gehemacht
was heute bin.

P.s. Sie sind der beste Schulleiter

Mit freundlichen Grüßen
ihr Kevin Dibowski

Corona

Als ich gelernt habe, dass das Virus auch in Deutschland ist, hatte ich es nicht so viel ernst genommen. Aber ein paar Wochen später sind die Schulen und Geschäfte geschlossen worden, meine make ups waren leer und ich konnte nichts Neues einkaufen. Aber das Schlimmste war für mich die Schulschließung. Ein par Wochen nach der Schulschließung hatte ich echt Langeweile. Ich hatte meine besten Freundinnen: Elena 9D und Ipek 9A vermisst, aber ich konnte mich wegen Corona nicht mehr mit denen treffen. Es war auch langweilig, die ganze Zeit mit meiner Schwester zu sein. Sie nervte mich immer. Und ich fand auch Krankenhäuser sehr schlimm. Ich hatte extreme Schmerzen und die Ärzte haben nichts gemacht. Ich konnte nicht schlafen, nicht essen, wegen meiner Magenschleimhautentzündung. Ärzte haben mir nur Tabletten verschrieben, obwohl die wissen, dass ich nichts essen und nicht schlucken konnte wegen der Schmerzen. Also für mich war Corona-Time voll schlimm.

(Fatma Yakub)

Coronavirus

Wegen dir werden die Läden leer gekauft und
Unmengen an Desinfektionsmitteln gebraucht. Mein
Alltag ist wegen dir voll langweilig und mein Klopapier
ist mir heilig.
Unsere Kammern sind voll mit Zucker, Mehl und
Nudeln. Es wird immer weniger Bewegung und
stattdessen immer mehr gefressen. Ich werde noch zu
einer Nudel.
Die Anzahl der Infizierten steigt.
Es werden immer weniger Einwohner durch Corona
Ich fühle mich wie in einem Container
Mein einziger Begleiter durch diese Zeit wird
der Orthographietrainer.

(Arij Klasse 7D)

Corona Rap

Ja, die Corona Krise ist für uns alle eine
Herausforderung.

Viele Menschen haben Angst und verbringen viel Zeit
zu Hause.

Das Virus ist Scheiße,
deswegen bleiben alle zu Hause und sind leise.

Es nervt, dass man nur zu zweit raus darf
und die Leute, die zu dritt rausgehen,
werden schnell entlarvt.

Ich roll im Benza
Corona kommt durch das Fenst(er)a.

Wegen diesem Virus
ist unsere Laune im Minus.

(von Anonymus aus 9C)

Corona has changed not only us but the world.

It is a difficult time for us.

Corona is a dangerous desease

that is very contagious.

Since the corona has been around

you have really noticed,

how mankind is like bursting.

At home with boredom.

I hope, we all get through well

without the suffering of several people.

(author unknown but sure he is a pupil of 9C)

Vanitas- Heimkehr am Abend vor Fronleichnam
2020
Ein Gedankenstrom

Ich bin nach Hause gekommen. Es ist Abend, ich kann essen, ich habe zu trinken, die Menschen, die mir lieb und teuer sind, sind gesund, ich bin halbwegs gut beisammen. Meine Eltern sind versorgt. Und ich leide an nichts, an rein gar nichts leide ich Not.

Während ich gerade das hier niederschreibe, sicher vor meinem PC sitze und an einem Tag viel Freundlichkeit und Zuwendung erfahren habe, viel gearbeitet habe, dafür aber auch gut bezahlt werde, damit ich in Frieden leben und auch noch einiges abgeben und teilen kann, just in diesem Moment, da sterben auf dieser Welt, die noch nie die die beste aller Welten war, Millionen von Kindern Hungers, es sterben Menschen durch Bomben, durch Gewehrschüsse, sie werden von Polizisten erstickt, tot getrampelt und nur weil sie eine andere Hautfarbe haben, von Gerichten zu Unrecht verurteilt. Und gerade muss ich daran denken, dass irgendwo auf der Welt Soldaten in Containern geschützt, ferngesteuert Bomben auf Menschen abwerfen. Ohne mit der Wimper zu zucken, werden Zivilisten, unter ihnen auch Kinder, als Kollateralschaden in Kauf genommen.

Aber niemand gibt uns tagtäglich dazu die Zahlen durch. Das würde uns auch erheblich in unserer trägen Bequemlichkeit stören. Es sterben auch durch wahnwitziges und Macht gebärdendes Fahrverhalten Tausende von Menschen im Straßenverkehr, es sterben so viele Menschen an Lungenkrebs, weil sie die Finger nicht von der Zigarette lassen können und dann plötzlich ist da ein Virus, taucht auf und zeigt uns, dass wir vergänglich sind und vor allem: Es zeigt uns, dass wir nicht nur Teil einer Natur sind, die uns fremd geworden ist, die wir mit Füßen treten, sondern es zeigt uns, dass sich unsere überbordende narzisstische Selbstüberschätzung ganz schnell in Nichts auflösen kann. Vanitas. Nein, wir haben nicht alles im Griff und wir sind nicht die Krone der Schöpfung, nie sind wir es gewesen. Wir sind die Parasiten dieses Planeten, den wir bis aufs Blut ausgesaugt haben.

Vanitas. Unser Leben ist und bleibt vergänglich. Wir können Replikanten erschaffen - vielleicht; wir können Roboter und Automaten vieles für uns erledigen lassen - bestimmt; aber der Mensch selbst, und möge er sich auch noch so krampfhaft optimieren wollen - er ist antiquiert, er ist so leicht angreifbar, so leicht zu vernichten.

Und kaum ist da etwas, das uns diese Vergänglichkeit spüren lässt, kaum können wir uns für kurze Zeit nicht dem Genuss hingeben, da verfallen wir in tiefe Depressionen, demonstrieren verzweifelt und meinen, das Leben werde unerträglich.

Immer schon gab es Viren, immer schon gab es Gefahren. Gerade als ich heute die Schule verlasse, schickt meine Freundin Petra mir ein kurzes Video. Ein junger Mann steht da und spricht von einem Menschen, der zufällig im Jahre 1900 zur Welt kommt. Was dieser Mensch alles ertragen muss? Man weiß es nur dann, wenn man kein Zeitprovinzler und in der Geschichte zu Hause ist: 1900 geboren, wenn du 14 Jahre alt bist, beginnt der Erste Weltkrieg. Er endet, wenn du 18 Jahre alt bist. Ich sage, wenn du Glück hast, lebst du dann noch, denn dies ist ein Krieg der Grauen. Wobei - ich muss stocken, jeder Krieg ist ein Krieg der Grauen und der Grausamkeiten. 22 Millionen Todesopfer. Dann folgt eine weltweite Pandemie: Die spanische Grippe mit 50 Millionen Todesopfern. Kurz darauf beginnt die Weltwirtschaftskrise, Not, Arbeitslosigkeit, Elend. Sie ist kaum überwunden, da wird Adolf Hitler gewählt und 1939 beginnt der Zweite Weltkrieg. Du bist 39 Jahre alt. 1945 endet der Krieg mit 60 Millionen Todesopfern. Auch du bist mit 39 Jahren vielleicht eingezogen worden. Überlebst du diesen Krieg - mit Sicherheit traumatisiert - dann bist du 45 Jahre alt. "Ein kleiner Perspektivenwechsel kann Wunder wirken", damit schließt er seinen Beitrag. Wie Recht er hat.

Ich höre - auch auf dem Weg nach Hausse nach einem langen Schultag - WDR 5 das philosophische Radio. Ich muss gestehen, so sehr mag ich David Richard Precht nicht. Aber Sache und Person muss man trennen können. Precht sagt etwas sehr Kluges. Ich fühle mich erinnert an meine Worte vor vielen Jahren, als ich noch Studentin war. Ich erinnere mich noch genau daran. Abends im Gemeinschaftsraum des Studentenwohnheims sprachen wir über das Thema meiner Staatarbeit. Ich schrieb über den Kolonialismus und das koloniale Bildungswesen, das die Kolonialmächte Afrika aufgepfropft hatten. In diesem Zusammenhang formulierte ich folgenden Gedanken: Eines Tages werden die Menschen, die wir bis aufs Blut geknebelt und ausgebeutet und deren autochthone Kulturen wir gnadenlos zerstört haben, diese Menschen werden vor unseren Türen stehen. Genau das ist im 21. Jahrhundert geschehen. Unser Reichtum ist aufgebaut auf Diebstahl, Mord und Totschlag.

Im philosophischen Radio mahnt Precht uns, dass wir über eine lange Zeit unser Augenmerk nie darauf gerichtet haben, was um uns herum in der Welt passiert. Wir haben uns selbst nie so recht damit konfrontiert, dass auf der Welt und um uns herum Millionen von Menschen in jedem Augenblick Hungers und Krieges sterben. Es ist eine Frage der Sichtweise und wir sind egozentrisch und eurozentrisch. Wir alle sind nur noch auf uns selbst zentriert und mehr und mehr degeneriert uns der Konsum und der Kapitalismus, der nach dem Lustprinzip funktioniert. Das Ich will sofort und das Ich will mehr und das Ich will nicht warten und das Ich merkt nicht, dass es mehr und mehr einem triebgesteuerten Vielfraß-Es zum Opfer fällt. Und ich spreche hier von denen, die sich für erwachsen halten, aber letztlich befinden wir uns im Kleinkindmodus.

Das Virus bringt auch das an den Tag. Verzicht gehört nicht mehr zur ersten unserer Tugenden; nicht einmal mehr zur letzten.

Wir sind gleichgültig, unzufrieden und unersättlich geworden. Und schon schreien wir wie die Kleinkinder, wenn man uns sagt, du muss einmal für eine gewisse Zeit auf Dinge verzichten zum Schutze deiner Mitmenschen. "Wie, was? Ich, verzichten?", schreit der Säugling in uns. "Ja, du, du bist vergänglich und du bist im Universum ein Fliegenschiss", möchte man diesem kreischenden strampelnden Baby sagen.

Und man muss diesem Baby, diesem alt gewordenen Baby, diesem erwachsenen Kleinkind vor Augen halten: Du hast das Eis zum Schmelzen gebracht, nicht durch deine überbordende Liebe. Nein durch deine Habgier, durch deine Unersättlichkeit, durch deine Gleichgültigkeit. Und dieses dahin schmelzende Eis gebiert neue Viren, neue Monster und du wirst irgendwann die Sonne und ihre Hitze nicht mehr ertragen können und dich durch die weiten dürren Ebenen schleppen, wie Millionen von Menschen der südlichen Hemisphäre jetzt schon, für deren Elend auch wir verantwortlich sind.

Das Virus ist nur ein Virus und es weiß von all dem nichts. Es ist winzig und eines von vielen. Ihrer viele werden noch kommen. Vielleicht wird die Zeit kommen, da wir erneut an Pest und Cholera dahinsiechen werden, weil auch diese Viren mutieren. Vielleicht finden wir ein Gegenmittel, vielleicht aber müssen wir einfach akzeptieren, dass wir nicht die Herrscher der Schöpfung sind. Wir sind nur Lebewesen unter vielen und noch nicht einmal die überlebensfähigsten. Das hingegen werden die kleinen schlafenden Bärtierchen und eben genau die Viren sein, die wir gerade krampfhaft zu bekämpfen versuchen.

Vanitas. Gryphius hat es schon im Jahre 1634 erkannt. Eine Kontinuität nämlich gibt es in der Geschichte der Menschheit und das ist die Hybris des Menschen. Sicherlich ginge es ihm besser, er fügte sich ein in den Kreislauf der Natur.

Eines unterscheidet viele von uns allerdings von Gryphius, auch mich unterscheidet es von ihm. Er konnte noch auf eine Erlösung im Jenseits hoffen, er ruhte noch im Glauben an einen allmächtigen Gott. Ich habe diesen Glauben nie besessen.

Noch versuche ich den Glauben an die Möglichkeit eines kategorischen Imperativs krampfhaft aufrecht zu erhalten. Ich hoffe, es wird mir noch lange gelingen.

(Claudia Schadt-Krämer)

Liebe Claudia, wahrscheinlich nimmst du keine Texte mehr an? Irgendwann muss ja Einsendeschluss sein. Hira Nur (7c) hat sich ein wenig schwergetan. Sie wollte gerne etwas schreiben, aber hat es dann verloren. (Vorher großartig angekündigt) Sie entschuldigte sich und schrieb einen Text, der nichts mit Corona zu tun hatte. Ich möpperte. Nun schrieb sie ein Gedicht aus dem Internet ab, was ich kritisierte. Ich sprach sie im Präsenzunterricht an und sie versprach eine sinnvolle Geschichte. Sie verwarf die Idee der Geschichte und kündigte ein Gedicht an. Dann raffte sie sich auf und schrieb das folgende Gedicht. Trotz allem: Hira Nur ist die Schule überhaupt nicht gleichgültig! Liebe Grüße vom Fanclub Doris

Hira Nur Keteci < schrieb am Do, 11.06.2020 18:11:

> Vor ein paar Monaten durften wir noch raus,

 > doch mit diesen Zeiten ist es aus.

> Jeder bleibt Zuhause,

> jeder ruht sich aus und macht eine kleine Pause.

> > Corona hat alles verändert,

> auch die Wirtschaft.

> Wenn wir raus gehen tragen wir Masken,

> und wir akzeptieren keine Gasten.

> Wir waschen uns die Hände,

> aber das hat auch ein Ende.

> Alles wird gut,

> dann haben sich auch alle ausgeruht.

Ein Virus, das die ganze Welt,

jedes einzelne Leben auf den Kopf stellt.

Abstand halten, Maskenpflicht,

Shaking hands, das gibt es nicht.

Viel Freiheit wurde uns genommen,

hoffentlich werden wir sie bald zurückbekommen.

Zur Schule gehen gibt es nicht,

dafür ist homeoffice Pflicht,

Freunde treffen, Bekannte sehen,

daraus könnte eine soap entstehen.

A lot of people died,

das bringt vielen Kummer und Leid.

So muss jeder seinen Teil beitragen,

um Covid nineteen zu verjagen.

Chantal Eibl, Kl. 8 B

Ruhestand

Heute ist der Tag

Der Tag, den nicht jeder mag

Sie verlassen unsere Schule

Doch bleiben immer der Coole

Nun ist es vorbei mit der schönen Zeit

Doch bald stehen Ihnen neue Wege bereit

Wir hoffen, Sie können uns so schnell wie möglich

besuchen

Und dann können wir uns einen Flug nach Mallorca

buchen

Ihr altes Leben ist nun vorbei

Drum lassen Sie alles stehen und fühlen sich frei

Die Schule ist vorbei

Und sie sind jetzt frei.

Grüße von Leanna, Dana und Julia aus der 7D

Für Christoph, den wir nicht gehen lassen wollen

An diesem Buch wirkten viele kreative Schülerinnen und Schüler und Lehrerinnen und Lehrer mit. Als da wären in ungeordneter Reihenfolge weder nach Geschlecht noch nach Alter geordnet::

Doris Gross

Laura Fölker

Noel Rüppel

Nadine Säs

Nicole Coop

Julie Winkler

Joice Koch

Lea Eibl

Axel Burghausen

Rosi Schwedtmann

Joey Franz

Adis Mavric

Kilian Köhnlein

Sandra Maghs

Joshua Mombeck

Brandon Richter

Cecile Sharling-Puttberg

Isabell Szymanski

Jeremmy Ligatsch

Rojin Hazel Ölmez

Marvin Schnell

Jenny Steenbreker

Christiane Herberth

Mashid Sadeghi

Asena Güngör

Florian Bessel

Munisa Saburova

Hamed Branco

Leanna Schönhalz

Dana Fallaha

Julia Koschella

Alyssa Holzappel

Bedirhan Savas

Miley Daniel Schütz

Alisha Köppen

Magdalena Imakaeva

Dalila Husanovic

Ledsina Umaeva

Kevin Dibowski

Chantal Eibl

Hira Nur Keteci

Fatma Yakub

Soheila Yaghoubie

Zegir Hawiry

Jochen Wachter

Jessica Kipka

Emily Witzer

Claudia Schadt-Krämer

und falls ich jemanden vergessen haben sollte in dieser
Liste, dann versichere ich, dass das keine böse Absicht war.

Und hier ist noch viel Platz für Eigenes oder aber du kommst bitte nach den Ferien und wir unterschreiben alle ohne Abstand und umarmen dich. Aber bring viel Zeit mit, denn das kann dauern.